伟人成功故事

世界
大艺术家
成功故事

张　哲◎编著

中国出版集团　现代出版社

图书在版编目（CIP）数据

世界大艺术家成功故事 / 张哲编著. —北京：现代出版社，2012.12

（伟人成功故事）

ISBN 978-7-5143-0891-4

Ⅰ．①世… Ⅱ．①张… Ⅲ．①艺术家—生平事迹—世界—通俗读物 Ⅳ．①K815.7-49

中国版本图书馆 CIP 数据核字（2012）第 274833 号

作　者	张　哲
责任编辑	袁　涛
出版发行	现代出版社
地　址	北京市安定门外安华里 504 号
邮政编码	100011
电　话	(010) 64267325
传　真	(010) 64245264
电子邮箱	xiandai@cnpitc.com.cn
网　址	www.modernpress.com.cn
印　刷	汇昌印刷（天津）有限公司
开　本	700×1000　1/16
印　张	10
版　次	2013 年 1 月第 1 版　2021 年 3 月第 3 次印刷
书　号	ISBN 978-7-5143-0891-4
定　价	29.80 元

前言

伟大的艺术家是人类灵魂的工程师。如果说，科学家给自然以秩序，伦理学家给社会以秩序，那么，优秀的艺术家则给精神以秩序，在一个想象的空间里，给整个宇宙以最后的自由与和谐。

在本书中，我们筛选了世界艺术史上9位伟大的艺术家：文艺复兴运动中最杰出的艺术家之———列奥那多·达·芬奇，他不仅是一位成就斐然的画家，而且是优秀的建筑师、诗人、音乐家、物理学家、工程师和数学家；为音乐而生的莫扎特，他使人们认识到发自心灵深处的音乐之美，也使人们认识到他那与生俱来的平和、典雅和善良的天性；用画笔来描绘穷人世界的凡·高，他描绘穷人的贫苦和艰辛，描绘生机勃勃的太阳和大地；将古典主义音乐推向极致，开辟了浪漫主义音乐先河的贝多芬……在尊重历史真实性的基础上，本书向读者立体地凸现人物的生平和杰出的事迹，史实叙述准确，融知识性与可读性于一体，揭示人物的精神经历和心灵升华，给读者以深刻的启迪和感悟。

本书除了公正地评价他们的人格和贡献外，还配以大量珍贵的历史图片，希望能使读者清晰地看到世界艺术史发展的轨迹，感受到每一个伟大时代的精神，牢记历史带给我们的经验、教训和宝贵财富。让我们在对已经逝去的艺术家们的凭吊中，期盼着更为光辉的人物出现。

目 录

CONTENTS

达·芬奇

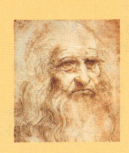

作为文艺复兴运动中最杰出的艺术家，列奥那多·达·芬奇或许是有史以来最多才多艺的一位天才。他不但是一位成就斐然的画家，而且是优秀的建筑师、诗人、音乐家、物理学家、工程师和数学家。

今天，蒙娜丽莎那永恒的微笑已成为古典艺术魅力的代名词，《最后的晚餐》使数百年间同一题材的其他作品黯然失色。在这些不朽的画作中，达·芬奇将绘画的写实主义推向了极致。

列奥那多·达·芬奇作为文艺复兴巅峰时期的代表人物，他的地位无人可以取代。

从师学艺

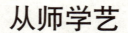

　　1452 年 4 月 15 日,列奥那多·达·芬奇出生在亚诺河谷的芬奇镇,在这条河下游的不远处即是文艺复兴名城佛罗伦萨。列奥那多·达·芬奇是这个镇上颇有身份的公证人皮耶罗·达·芬奇和一个普通农家姑娘的私生子。出生不久的列奥那多·达·芬奇和母亲一起被送往乡下,在安奇亚诺村度过了 4 年多充满阳光和鸟语花香的乡间生活。快 5 岁时,他被接回达·芬奇家在镇上的大房子,正式成为达·芬奇家族的一员。

　　达·芬奇家在这个镇上已有 200 余年的历史,皮耶罗的前四代先辈都是公证人,这个收入稳定的公职和祖祖辈辈的不懈勤俭,使达·芬奇家成为镇上少数的富裕人家之一,列奥那多·达·芬奇因此得以接受那个时期上层家庭的孩子们所受的教育:读书、写字、学习数学及拉丁文。

　　刻板的正规教育没有阻碍他天才个性的发展。列奥那多·达·芬奇在那时便倔强地显示出自己的与众不同,他所书写的句子都是从右向左排列的,因为他是左撇子,这样写起来更方便,这种书写风格被他保持终生,只有在签名时才用我们通常的顺序。

　　父亲皮耶罗从儿子那些信手所画的植物草图中发现了达·芬奇的天分。当达·芬奇 14 岁时,他把儿子带往佛罗伦萨拜师学艺,他选择画家维罗奇奥做儿子的老师。维罗奇奥是当时著名的画家和雕塑家,他的画室中总是有做不完的订单:佛罗伦萨上层人物的肖像,为教堂和美第奇家做装饰用的各种圣母像、圣徒像或是宗教故事画,等等。他的徒弟们则按要求完成复杂的准备和修饰工作。达·芬奇在那里进步很快,不到一两年的工夫,他的技巧就得到了老师的青睐,有时甚至被允许独立完成老师来不及完成

⬆️ 达芬奇的出生地——芬奇镇

的部分。

　　达·芬奇一直生活在维罗奇奥的画室中，即使到1472年，年满20岁的他已成为独立画家时，依然没有出去建立自己的画室，而是继续留在维罗奇奥那里。

　　在维罗奇奥的画室附近便是安东尼奥·波拉约诺的画室。他是文艺复兴早期率先研究人体结构解剖知识的画家之一。达·芬奇经常去访问这家画室，以便汲取新鲜的知识。

　　在文艺复兴的发源地佛罗伦萨，文艺复兴早期大师们的作品随处可见，只要步行不远的路，达·芬奇就可以去临摹马萨乔的壁画作品。时间上稍近一些的画家保罗·乌切洛·菲利波·利比也是他研究的对象。多那太罗和加尔波蒂的雕塑就矗立在附近的广场上。正是由于这些优秀的大师们卓有成就的铺垫，才使达·芬奇和米开朗琪罗、拉斐尔有朝一日能一起建筑文艺复兴的光辉顶点。

　　然而在达·芬奇时代，让人惊讶的是，艺术理论一片空白。透视法尽管已经被发现了50年，但艺术家们仍只是通过口头交流或观察来学习在平面上表现空间的技巧。当时的学者和建筑师阿尔波蒂首先把透视法总结成理论形式，他认为一个画家除有必需的一些技巧外，还应该掌握几何学、透视学、数学和解剖学，这样才可以准确地画出对象。据他的理论，形成这世界的那些科学法则同样规范着艺术领域。

世界大艺术家成功故事

🖼 维罗奇奥

🖼 马萨乔的壁画《献金》。《献金》立于意大利佛罗伦萨卡尔米内圣母大殿内的布兰卡契礼拜堂，被普遍认为是马萨乔最好的一幅作品

世界大艺术家成功故事

最早显示达·芬奇绘画天才的作品是他画在老师维罗奇奥的画布上的《基督受洗》。这幅画作于1472年，显而易见，是由两个画家合作完成的，从维罗奇奥所画的动态僵硬的人物和达·芬奇所画天使的放松和自然姿态可以看出这对师徒谁更有天赋。

在天使的脸上，我们还可以发现达·芬奇理想中的美丽人物——不过分强调结构的、清晰圆润的轮廓线，衬托出一个柔美的、女性的脸庞，嘴角略带微笑。

在协助老师完成《基督受洗》后不久，达·芬奇画了一幅独立的风景素描，这幅画被称为"艺术史上第一幅真正的风景画"。他用钢笔快速画出的线条，显示出从山谷高处的某一点俯瞰亚诺河谷的视图。这幅素描作品说明达·芬奇已是一位能熟练表现光线效果和空间深度的大师。

↑《基督受洗》是达·芬奇与老师维罗奇奥所画的作品。左边的天使为达·芬奇所画，表现出他出色的艺术天赋。

↓《受胎告知》画作中圣母衣裙的褶痕十分逼真，远景的海和山笼罩在蓝色的霞光中。

早期作品

达·芬奇早期的第一幅完整绘画作品大约是1470年所画的《受胎告知》，这幅现存于佛罗伦萨乌菲奇美术馆的

作品不被认为是完全的杰作,画中天使的翅膀被后世庸俗的手改大了,最初那翅膀是优雅而且十分适合的,但现在看起来却有些古怪。当然,这画中的其余部分仍是后世学子们渴望达到的高水平。

1473年至1474年达·芬奇创作的肖像《吉那弗拉·德·本齐》被文艺复兴时期的传记作家瓦萨里称为"精美的造物"。这幅作品曾破损,底部被裁掉了,也许那部分会有和《蒙娜丽莎》中姿势相同的手。画中的主人公吉那弗拉不带微笑,她忧郁的白皙脸庞被背景中色调深重的杜松树衬托而出,远景的山和湖光被描绘得虚幻不定,树干被细致地精心画出,淡雅的色彩、从容的人物表情传达出主人公理性的平静。

约1476年至1478年,达·芬奇在佛罗伦萨建立了自己的画室。这时期,达·芬奇痴迷于圣母子题材的作品。他画了许多这方面的作品,大部分是速写,绘画成品只有3幅:《持花圣母》、《莱达圣母》和《贝诺亚圣母》。这些作品均未能完好地保存下来,现在只能在某些依稀可辨的细节上看出是达·芬奇的手笔。

▶ 《持花圣母》

这时期他几乎没有完成过任何有代表意义的素描作品,现存伦敦的《古代武士》是少有的例外之一。1479年12月,他画下了当时佛罗伦萨让人黯然的一景,一个美第奇家的反对者被吊挂在公共建筑上曝尸示众,达·芬奇画了这个牺牲品的速写。或许这件事对他产生了强烈的影响,以致达·芬奇认为留在美第奇家控制下的佛罗伦萨自己将会前途渺茫。但间接地受到美第奇家控制的罗马对他而言也不是天堂。在教皇西克图斯四世召波提切利和基兰达约等人前往罗马时,达·芬奇把目光投向了意大利北方城市米兰,那里的宫廷少些矫揉造作之风,学术空气相对更具活力。

约1481年至1482年,达·芬奇致力于画一幅场面巨大的作品《东方三博士的朝拜》。他画了许多素描草图为这幅画像做准备,草图都是波提切利式的线描作品,因为

虽然《岩间圣母》属于传统题材，但是独特的表达手法和构图布局都体现出达·芬奇艺术水平的高深。

他喜爱线条的表现力。事实上，达·芬奇对当时注重线条和注重光影写实这两种道路都有兴趣，他青年时期曾为跟随哪一派走下去而苦恼，最终他没有放弃任何一种画法——在线条的表现性和自然主义的写实方面他都是大师。《东方三博士的朝拜》花费了达·芬奇5个月的时间，但终未完成。与此同时，还有一幅《圣杰罗姆》的油画也未能完成，这幅后来被梵蒂冈欣喜地收藏在宫中的作品早期并未受到过重视，直到1820年才被一位主教发现。

此外，还有一幅油画《岩间圣母》是1482年达·芬奇到米兰后画的，但大家通常同意这幅画的手法应属于他早期佛罗伦萨时的风格。其中达·芬奇使想象的世界和科学的自然主义成功地达到和谐，可以看到天空的岩洞像是来自另外一个星球，圣母、天使、小耶稣和约翰游戏其间，人物十分雅致而且自然，植物的细节画得十分准确，如同植物学家笔记中的插图。

无论怎样，列奥那多·达·芬奇已经和15世纪的艺术说再见了，他的艺术已远远超出了早期文艺复兴所能达到的高度。

《最后的晚餐》

1482年，达·芬奇离开佛罗伦萨，来到了米兰。因为他认为米兰大公路得维柯·斯福查会比美第奇更适合做他的保护人。当时米兰的画家和雕塑家远远逊色于佛罗伦萨，像所有有权势的统治者那样，斯福查把艺术看作门面上的装饰，他邀请了许多艺术家，这其中就有达·芬奇。

达·芬奇为米兰这位统治者所做的第一件艺术品是《斯福查骑马像》。路德维柯想为他的父亲弗兰西斯科·斯福查塑一尊神态威严的青铜像。达·芬奇断断续续地为这尊塑像工作了16年，屡受冷漠。

在这期间，达·芬奇开始写《绘画论》，这是斯福查要他写的一篇报告，因为大公想要知道雕塑和绘画是不是贵族的艺术。但达·芬奇的性格使他无法递交一篇简单的论文，他直到去世也没有完全写完这部论著。

1484 年，达·芬奇为大公的宠姬塞斯莱·格莱瑞妮画了一幅肖像，格莱瑞妮虽然只有 17 岁，但已为大公生了一个儿子，并成为宫中的主要角色。这幅被称为《抚貂女子》的油画展现了格莱瑞妮的强烈个性特征：清秀的脸专注于画外，目光中闪现着智慧，细长灵巧的手指正抚慰着她的宠物。背景的黑色是另一个米兰画家重新覆盖的，他抹去了达·芬奇典型的迷幻风景，但不管怎样，这位宠姬的肖像仍是达·芬奇高超技艺的证明。

达·芬奇在米兰的早期生活中还有一幅肖像画留传后世——《音乐家肖像》，这幅画只有脸部被完成了，它和达·芬奇前期的天使属同一类型，只是面部的骨骼和肌肉画得十分饱满结实。

在米兰时期，建筑同样吸引着达·芬奇，他曾以建筑师的身份为斯福查监造过一些建筑物的后期工程。1488 年，他提供过自己的设计图纸和模型参加米兰主教堂穹顶的设计竞赛。

▲《抚貂女子》这幅肖像画着重表现出年轻女子天真单纯，积极向上，对生活充满美好向往的精神世界。

在接受这项工作之时，达·芬奇没有过多可以参考的作品，或许有两件作品对他的头脑产生过影响，一件是多那太罗的骑马像的复制品，另一件是矗立在威尼斯的他老师维罗奇奥所作的《殖民者纪念像》。

尽管达·芬奇在雕塑方面基本上没有经验可言，但他仍决心让他的骑马像超越前辈的作品以达到举世瞩目的效果。它不仅在优美程度上要完美，而且其规模是前所未有的——比那些早期的纪念像要大两倍。

1493 年 11 月，达·芬奇完成了马匹的巨大模型，并在斯福查家的一次婚礼上展出，其展出效果是轰动的，他的声誉迅速传遍了意大利。这颇具戏剧性，他的《受胎告知》和《岩间圣母》没有使他的艺术声望有多大的提高，但现在还仅仅是泥模的这匹马，却为他带来了长久以来渴慕得到的认可。然而这个庞大马匹模型的命运很短暂而且很悲惨。1499 年，那件马匹模型被入侵的法军损坏得什么也没

《最后的晚餐》草图

有留下。

1495 年，在大公斯福查的要求下，达·芬奇开始在米兰的圣玛利亚·德拉·格拉兹教堂餐厅的墙上绘制《最后的晚餐》。这幅作品现在家喻户晓，它最显而易见的成功之处在于达·芬奇在其中解决了一个最重要的难题：如何使这13 个人物形象坐在一张长桌前面而不显呆板。而最终达·芬奇把这幅场景处理得如此优美和谐，以致好像并不存在这个问题。另外一个困难是如何解决犹大的位置，在达·芬奇之前近千年的宗教绘画中，艺术家通常把耶稣和 11 个忠实信徒安排在长桌的一边，而将犹大孤立在另一边，即使文艺复兴早期的艺术家，像卡斯塔歌诺和基兰达约，也没有提出更好的解决方法。

达·芬奇为《最后的晚餐》画了大量的草图，这其中的一些人物头像被保存了下来，只有两幅有完整的构图安排，在其中可以看出直到他开始在墙上动笔之前，他也仍在想把犹大孤立起来，但最终他的绘画天才还是得到了闪现——渥着钱袋的犹大虽然被安排在众信徒之中，却会被人一眼认出。

达·芬奇同时致力于在绘画中传达人物的感情。对于他来说，姿势和动态可以传达情感，这一点在《最后的晚

达·芬奇的《最后的晚餐》

餐》中得到了充分的体现：犹大急切不安地抓紧自己的钱袋，惊慌地望着耶稣，其余的信徒各自表达出他们的个性，沉稳者困惑不解，急躁者忙于询问，有的在表白，而有的很惊慌，他们都与耶稣的沉着冷静形成对比，所有的透视线均指向构图的中心人物耶稣，包括四组各自不同的信徒手势所形成的主要曲线也引导观者把视线集中到构图的中心。

达·芬奇花费了3年的时间完成了这幅杰作，这幅作品奠定了他在艺术史上举足轻重的地位，也成为伟大的文艺复兴巅峰时期最杰出的代表作品之一——《最后的晚餐》达到了一个艺术家天才所能发挥的极致。

在达·芬奇为斯福查服务的许多年中，他的经济状况一直十分窘迫，斯福查经济上的精明没有给达·芬奇带来好运。由于他错误地认为可以有能力把法王查理十一世赶回阿尔卑斯山以北，米兰与那不勒斯结成同盟反对法王，这样的鲁莽行为招来了大祸。1499年，查理八世的继承者路易十二攻陷米兰，斯福查被带回法国投入了监狱，他的余生是在监狱度过的。

《安加利之战》

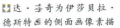
↑ 达·芬奇为伊莎贝拉·德斯特画的侧面画像素描

路德维柯·斯福查的倾覆使达·芬奇离开了米兰，他回到了佛罗伦萨，途中绕道前往威尼斯观光散心。1499年，作为《斯福查骑马像》和《最后的晚餐》的作者，他的声誉已经可以保证他不必再看谁的脸色吃饭了。

他计划回佛罗伦萨，但却选择绕向东边的路，首先在曼图那停了下来。在那里他遇到了一个聪明但对他纠缠不休的女人伊莎贝拉·德斯特。德斯特的唠叨和盛气凌人曾吓跑过其他画家。她让达·芬奇为自己画肖像，达·芬奇不好拒绝这位侯爵夫人，只好在1500年初为她画了3幅侧面画像素描稿。在这几幅素描中，粗黑的线条画出一张松弛的脸，毫无优美可言。即使这样，德斯特也没有

沮丧，她继续劝说达·芬奇为她画一幅油画肖像，但她最终什么也没有得到。

离开了曼图那，达·芬奇在威尼斯做了短暂的停留。据说这次对威尼斯的访问使年轻的威尼斯画家乔尔乔尼受到了微妙的影响。这样，达·芬奇对文艺复兴威尼斯画派的繁荣应当也算是有功之臣。

当达·芬奇 1500 年春天回到佛罗伦萨时，旧日的环境已经发生了改变，伟大的罗伦佐·美第奇已经死了。没有了他的贤明，美第奇家族在佛罗伦萨的统治被推翻了，领导革命的多米尼克教僧侣萨伏那若拉在疯狂摧毁旧事物的 8 年之后也被绞死了。当达·芬奇回到故乡时，街头还遗留着一些沮丧气息。波提切利和菲利比放弃了他们充满异教味道的风格转向了宗教题材。达·芬奇年轻时所知道的艺术家维罗奇奥、基兰达约和波利奥罗都已死去，只有一个刚刚显露头角的艺术天才——25 岁的米开朗琪罗在佛罗伦萨炙手可热，其声望已经足以和他这个 48 岁的老家伙匹敌。

在佛罗伦萨，安纽恩兹塔修道院的僧侣们请达·芬奇画一幅祭坛画，他们为达·芬奇准备了一处清静的居室供他居住，他在那里开始画圣家族主题的作品，《圣安娜》的草图在 1501 年完成了，修道院的修士们喜不自胜，他们希

🔖《圣安娜》的头部草图

望达·芬奇能尽快地完成这件作品。但他们应当有耐心，因为达·芬奇突然间不知何故放下了这项工作，他离开了修道院跑到意大利中南部去干军事工程师的活儿去了。

这次他的雇主是教皇亚历山大六世的私生子塞萨里·波哲阿。塞萨里放弃了在罗马做红衣主教的生活，让父亲在靠近突斯尼地区为自己建立了一个小公国。塞萨里的残酷和专横在文艺复兴时期颇有盛名，他需要军事工程师为自己服务，1502 年他任命达·芬奇为建筑师和首席工程师。达·芬奇不顾众所周知的塞萨里的残暴个性，欣然接受了这项

任命。他为这个暴君服务了约 11 个月,包括绘制地形图、设计隧道,然而由于无法忍受塞萨里谋杀自己的亲弟弟,达·芬奇最终于 1503 年春天返回了佛罗伦萨。为暴君服务不无收获,在那期间他结识了马基雅弗利。这位文艺复兴时期最著名的思想家和达·芬奇的关系十分融洽,通过自己在佛罗伦萨政府中的发言权,他推荐达·芬奇去画《安加利之战》。

△《安加利之战》的草图

佛罗伦萨人要为诸侯宫的会议厅画两幅战争题材的画,分配给达·芬奇的是 1440 年佛罗伦萨人战胜米兰人的《安加利之战》;另一幅由米开朗琪罗承担,题材为《卡西纳之战》。文艺复兴时期两位最伟大的艺术巨匠空前绝后的竞赛就这样开始了。这两位巨人性格迥异,不很和睦,他们都希望能通过这次机会在艺术声望上超过对方。整个意大利都为这两位杰出人物的竞赛激动不已,那时,与他们两位共同缔造文艺复兴顶峰艺术时期的第三位天才——拉斐尔时常会去诸侯宫室的墙上观摩他们作品的进展情况。不幸的是,这两件未能完成的作品都没有保存下来,米开朗琪罗的底稿被毁于战乱,达·芬奇新制的颜色使画面大面积地褪色,最终从墙上脱落下来,而后不得不放弃。

1504 年,达·芬奇接受了颇有讽刺意味的荣誉——成为讨论米开朗琪罗的雕塑《大卫》安放位置的临时委员会的成员。他认真地履行了职责,并和其他成员一起给《大卫》以很高的评价。

△ 达·芬奇《安加利之战》的仿制品

《蒙娜丽莎》

在担任委员会成员和修改《安加利之战》的同时，达·芬奇开始绘制也许是这世界上最著名的画作——《蒙娜丽莎》。《蒙娜丽莎》又名《乔孔达夫人》，她是佛罗伦萨富商乔孔达的第三个妻子，她坐在达·芬奇画架前的时候是24岁。这幅花费了3年多心血的肖像获得了前所未有的成功，用瓦萨里的话说是"自然的真正拷贝"。事实上，达·芬奇不只做到了对人物的准确描摹，在他的笔下，个体的人和理想的女性也达到了完美统一。也许画家理想中的标准女人和我们不同，他把她处理成一个缺乏常人感性的象征品。这个女性看起来漂亮、肉感而冷漠，关于她那神秘的微笑，每个观者都有自己的感受。几个世纪以来，人们对此争论不休。《蒙娜丽莎》是举世公认的世界美术名作，即使现在的学子们不再从这幅画中汲取什么，也不会有人否认这一点，或许这些学子们还没有真正领略到它的风采——因为想要从罗浮宫中《蒙娜丽莎》玻璃柜前里三层外三层的观众们中挤到前面真是太难了。

1506年，54岁的达·芬奇到达米兰。法国人给了达·芬奇相当的自由，他想干什么都可以，他们付给达·芬奇高额的薪俸，却从不勉强他做什么。

1506年至1508年，除去画一些素描及依旧沉醉于科

◆《蒙娜丽莎》

学研究之外，达·芬奇又画了一幅《岩间圣母》（伦敦版）。

他为什么画两幅同样的《岩间圣母》是个未解之谜，两幅不同版本的画可以看出达·芬奇早期和晚期艺术风格的差异。尽管在尺寸上两张画几乎完全一样，但后者的人物形象看起来更大一些，而且脸部色彩减弱到十分苍白，暗部和其余的色彩都精心地加重以强调三维的深度，在长时间对绘画做了理性的思考之后，他希望光线和投影可以"塑造"出人物形象，至于天使的手为什么藏在了身后，可能是由于有人批评早期版本中指向画外的手意义太深远，会影响对圣母子的表现。

✤《岩间圣母》（伦敦版）

天才中的全才

作为一位天才的艺术家，达·芬奇的爱好非常广泛，涉及天文、地理、植物、人体、物理等各方面。从后来人们发现他的残缺的手稿中我们依然能看到他除绘画以外的对其他领域的伟大贡献。应该说，达·芬奇是天才中的全才。

早在 1482 年，在米兰期间，为了得到米兰大公路得维柯·斯福查的重用，达·芬奇对有关战争的事物产生了极大的兴趣。达·芬奇在古罗马的一种塔式战车的基础上改良出乌龟形的"坦克"，装配有大炮，内有 8 个人用曲柄和齿轮来推动它，但是这种坦克让人怀疑人力是否可以驱动这么重的东西。他还设计了装备有可以水平转动的大镰刀的战车，而后却发现这锋利的武器对己方比对敌军的损害更大。在他所设计的"和普通的十分不同"的武器中有种能连发 36 弹的大炮，每 12 弹为一组，当一组发射出去时，第二组已经冷却而第三组已装填好弹药。他还画了这种炮的弹道图，其原理是早期机

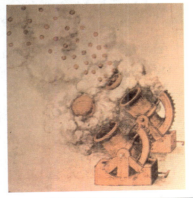

✤达·芬奇设计的大炮

枪的雏形，如果当时被制造出来，那么机枪的发明者将不是 18 世纪末的英国绅士亨利·夏波尼尔。

当然，达·芬奇有理由被认为是科学的巨人，他对飞行器矢志不移的研究说明了这一点。他执着地观察气流和空气的压力并推论出一些空气动力学的原理；他研究鸟和蝙蝠的飞行方式，并认真地解剖过这些动物的翅膀；他注意到人的肌肉力量不足以扇动翅膀飞离地面，因此他设计了一个很轻的飞行装置。但那个时期没有可以提供动力的引擎，所以飞行器最终没有飞上蓝天。

达·芬奇在科学工程和数学方面也有天才。早在文艺复兴初期，科学发展十分缓慢，当时，人们仍相信陆地是平展的，靠近赤道的海水会被烧热。教会掌握着人们对世界的认知，而达·芬奇接受了地球是圆形的学说，并相信它由四种基本元素组成——水、火、土和空气。对于他来说，"科学"、"艺术"和"数学"的区别没有我们今天看起来这样明确。按照他的划分，艺术，尤其是绘画即是科学——事实上是"一切科学的皇后"，艺术不仅是获取知识的手段，而且可以使这世界所有时代的人产生交流。

达·芬奇在植物学方面也有所建树，他所画的一些精美的植物插图直到今天还出现在植物学课本上。达·芬奇是第一个描述树叶分布规律的人，他提示出植物的根向下生长与重力有关，以及如何通过研究植物茎秆来确定它们的年龄，据说是他最早发现了用树的年轮确定其年龄的方法。

在解剖学方面，达·芬奇也许是第一个制作了人体组织模型的人，他试图用玻璃制作人的动脉模型以研究血液是如何传送氧气的。他在佛罗伦萨的圣玛丽亚医院做过细致的解剖，同时注意观察病人，在他的笔记中有一次详尽地记述了他所认识的一位百岁老人死去时的情况，他的这份报告也许是第一篇详细描述因动脉硬化致死的病理记录。达·芬奇对解剖学不懈研究的成果之一是开创了用素描图示解剖的体系，那时的医学研究者很少，老师与学生之间的讲解大部分时候依靠抽象的语

↑达·芬奇的关于莎草的插图。

言,达·芬奇所做的图例可以让学生们清晰地领会老师的意思,在那上面,血管、神经和肌肉的系统一目了然。

在地理学方面,达·芬奇最令人瞩目的成就是正确地解释了海洋化石为什么会在意大利的山上被发现。他推断说所有发现这些海洋化石的地方在很久以前曾被原始的海洋覆盖,这个观念和教会所告诉人们的相反,是神在创世的第三天分离了陆地和海洋。至于为什么鱼的化石会在山上出现,聪明的教士告诉大家,那是因为诺亚时代的洪水带来的,而达·芬奇则认为由于在不同的地层都能发现海洋化石,那么应当有不止一次这样的大洪水来临过。

假如达·芬奇能多研究一些东西,他或许会改写科学史,他差点发现了牛顿的第一力学原理。在达·芬奇的一些零散的手稿中我们可以发现他详细地观察过静止的人在外力作用下如何运动,他写到:"任何物体自身都不会运动,它的运动受其他东西的影响,这其他东西便是力。"另外还有一篇记述写到:"所有的运动都有持续性,所有运动着的物体会长时间运动下去直到它们自己的力量终止。"

↑达·芬奇的血管手稿

列奥那多·达·芬奇的发明和研究目录几乎是无法说清的,早期原始的"蒸汽机"如果合理地安放在他设计的用弹簧驱动的代步车上,或许人类会早几百年拥有汽车;轻便的类似滑雪板的"鞋子"或许可以载人在水上行走,以及救生圈,改良过的油灯……即使今天没有人会认为是他发明了某种东西,但很难说那些后世的发明家没有从他天才的头脑中得到过启发。

逝于异乡的灵魂

1508 年,达·芬奇作为画家的职业生涯即将结束,在此后十多年里,他只有两幅作品留传给了后世,其中一幅是现存于罗浮宫的《圣安娜》。

达·芬奇这幅画始作于 1500 年,直到 1508 年至 1510 年这段时间才有了大的进展,但最终也未能完成。画面中的

↑《圣安娜》

金字塔构图中穿插结合的肢体体现出运动着的曲线和斜线，与早期的那幅底稿不同的是，达·芬奇有意使坐在圣安娜膝盖上的玛丽亚弯曲了身子。大部分观者认为这个姿势不够优雅，但他们忘记了正在观看的是一幅充满寓意的画，对比与圣安娜相对静止的体态，玛丽亚几乎完全前倾去抱住他的儿子——小耶稣正在和一头小羊羔戏耍。玛丽亚的脸和衣服还没有画完，但背景已经画得很详细，灰蓝色的远山展示了一个平静的世界，或许在那里不会有生和死存在。

1512 年，米兰的旧贵族卷土重来，他们联合瑞士人和西班牙人赶跑了法国军队，达·芬奇又处于无人理睬的境地，他在米兰艰难地生活了几个月，靠朋友和学生的鼓励战胜寂寞。1513 年 9 月，达·芬奇启程前往罗马。

新教皇利奥十世像达·芬奇期待的那样热情地欢迎了他，给他在梵蒂冈宫中提供了一间房屋及一笔小小的薪俸。而他的朋友们遮蔽了他的光辉——布拉曼特、米开朗琪罗和拉斐尔都是狮子般的巨人，没有人注意达·芬奇，最受教皇宠爱的拉斐尔为梵蒂冈工作的报酬高达数千金币，而达·芬奇的薪俸仅仅是每月 33 金币。

达·芬奇的那张著名的《自画像》是他这一时期在罗马画的。用红色粉笔画的这幅素描，显示出一个前额有深深皱纹的老人，深陷的眼睛沮丧而且痛苦，下坠的嘴角露出对现实的不满，头发和长须浑然一体……这张脸看起来像一个古代的、从幻梦中觉醒的先知，它说明这时期的达·芬奇不仅从身体上，而且从心理上已经衰老了。

达·芬奇的最后一幅绘画作品也是在罗马完成的，没有证据表明有人订作了这幅画，某种内在的原因驱使他动笔画了《圣约翰》——绝大多数的崇拜者希望他从未画过这件令人尴尬的作品。画中的圣约翰露出达·芬奇式的微笑，手指向上指向天堂。

在罗马的黯淡阴云逐渐散去，法国人没有忘记他，路易十二的继任者弗兰西斯一世邀请他前往法兰西,给他提供了一处城堡和一笔可观的资助,他仅仅是想和这位老人时常在一起愉快地交谈。

大约 1517 年,达·芬奇到达了巴黎西南 160 千米的阿波西,法王在那里选了一处城堡——克鲁堡送给他。城堡离法王的行宫仅半里地,只需花费数分钟,22 岁的弗兰西斯一世就能见到年已 64 岁的艺术大师。他们时常会面,跟随达·芬奇前去法国的塞里尼这样在回忆录中记述:"法王弗兰西斯被他的天才所震撼,他十分喜爱听他的论述,以至于在那一年中很少有几天他们会分开……法王说他不相信这世上会有比达·芬奇懂得更多的人,而且不仅仅因为雕塑、绘画和建筑方面的事,更在于他是一个伟大的哲学家。"

除去意大利的红衣主教阿拉贡到克鲁堡访问过他,达·芬奇和意大利再也没有什么联系。法王诚挚地爱护着他,在阿波西他所做的工作很少,他显然没有再画任何绘画作品,而是将兴趣放在了把流经阿波西的奥尔河改造成运河方面,达·芬奇为此绘制了简单的河流图。此外,他对皇家的庆祝会也许贡献过一两件服装的设计稿,除此之外,据说有只法王喜爱的玩具狮子也是他那发明天才的最后结晶,那只狮子靠弹簧驱动,可以向前跳上几步。

达·芬奇在法国的其他活动我们再也无法知道什么,可以想象这个衰弱的老人晚年的大部分时光都沉浸在安静的冥想中。1519 年 5 月 2 日,达·芬奇辞世了,享年 67 岁。在他去世 31 年后,瓦萨里写下了这段评价:"天赐的丰盛才华有时会降临给特定的人们,而且,有时会奇迹般地聚集在一个人身上,俊美、温文尔雅和天才以如此的方式结合在这个人身上,以至于无论他怎样热衷于改变自己,他的每个行为都会完美到让其他人望尘莫及,而且确定无疑地证明他是被上帝亲手创造的。"

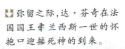

弥留之际,达·芬奇在法国国王弗兰西斯一世的怀抱口迎接死神的到来。

大事年表

1452 年	4 月 15 日，出生在亚诺河谷的芬奇镇。
1466 年	拜佛罗伦萨著名的艺术家维罗奇奥为师。
1470 年	创作出第一幅完整画作《受胎告知》。
1473—1474 年	创作出《吉那弗拉·德·本齐》。
1476—1478 年	在佛罗伦萨建立自己的画室。
1481—1482 年	开始绘制场面巨大的祭坛画《东方三博士的朝拜》，同年创作《圣杰罗姆》、《岩间圣母》等作品。
1484 年	创作《抚貂女子》。
1493 年	完成《斯福查骑马像》中的马匹模型。
1495 年	开始在米兰的圣玛利亚·德拉·格拉兹教堂餐厅的墙上绘制《最后的晚餐》。
1501 年	完成《圣安娜》草图。
1503 年	返回佛罗伦萨。绘制《安加利之战》。开始创作《蒙娜丽莎》，历时 3 年。
1506—1508 年	创作第二幅《岩间圣母》。
1508—1510 年	重新继续未完成的《圣安娜》，但最后并未完成。
1513 年	启程前往罗马。
1517 年	应法国国王弗兰西斯一世的邀请，迁往法国巴黎西南 160 千米的阿波西的克鲁堡，度过晚年。
1519 年	5 月 2 日去世，享年 67 岁。

米开朗琪罗

    米开朗琪罗是这个浮华世界上最伟大的艺术天才之一,他在雕塑、绘画、建筑和诗歌方面都留下了许多不朽之作,没有人能像他那样在这四个领域都能对美做出如此完美的诠释。他的作品向我们展示了他对美的希望和对人类力量的信心。那高大健壮的俊美少年《大卫》,那永让人仰望的西斯廷小教堂天顶的《创世纪》,那凝目远方的《摩西》,无不向我们传达这一点。米开朗琪罗的作品永远代表着一个艺术家所能达到的辉煌成就的极限,他就像一座高山,永远让人为他的雄伟、壮丽所激励,所折服。

世界大艺术家成功故事

艺术之梦

　　像所有的伟大人物大多出身平凡一样，当时不会有任何人预见到这个佛罗伦萨普通的中产阶级之家出生的婴儿竟会对这世界以后几百年的艺术史产生影响。1475 年 3 月 6 日，米开朗琪罗呱呱落地。

　　米开朗琪罗是家中的次子，他的父亲路德维克·博纳洛蒂是颇为典型的落魄绅士。米开朗琪罗是在一个无任何迹象会造就天才的环境中长大的，他逐步显露出迥异于他人的潜能。他在学习、读书、识字的同时便悄悄地开始了一生的事业。他渐渐地节省出时间去画画，画他周围生活的素描，画佛罗伦萨的教堂和公共建筑，画富裕门第府前的雕像，并且设法和一些画家画室的小学徒们培养出友谊。他们中的一个——弗朗西斯科·格兰纳西成为了最早发现米开朗琪罗天才的人。由于他的鼓励，年少的米开朗琪罗决定进入当时佛罗伦萨最受欢迎的基兰达约的画室去当学徒，并且正式向自己的家庭宣告了他的志向——他要成为一名艺术家。

　　对于米开朗琪罗的父亲来说，做不出名的艺术家是种耻辱，他要求 13 岁的儿子在学徒的 3 年期间总共需付给家里 24 个金币。而这正是当时画室学徒 3 年的学费。然而，基兰达约破天荒地答应付这笔钱。从此，这个少年天才得以接受绘画技巧方面的正式训练。

　　年轻的米开朗琪罗一进入基兰达约的画室便显示出他早熟的艺术天分。在进行了很短时期的学习之后，米开朗琪罗对稍早时期的文艺复兴大师以及自己的老师基兰达约的兴趣似乎已经减弱，他开始转向细心学习马萨乔和更早的乔托。他们的绘画极具重量感而且更为真实，比起波提切利的浪漫飘逸画风更接近雕塑给人的感受，这才是米开朗琪罗更为注重的。尽管米开朗琪罗的一些基础素描技巧来自画家基兰达约的影响，但他所做的一些素描练习好像已显露出这个孩子未来注定会在雕塑方面大放异彩。

　　一年之后，米开朗琪罗离开基兰达约的画室，去了罗

↑ 多米尼科·基兰达约（1449 ～ 1494），文艺复兴早期佛罗伦萨重要的画家，擅长画富有故事情节和大量人物肖像的层次分明的大型壁画。

伦佐·美第奇开设的一所雕塑院。在那里,他雕出了自己最早的独立作品——《梯旁圣母》和《半人马与拉庇泰人之战》。也正是在那里,他引起了罗伦佐·美第奇的注意和赏识。

从《梯旁圣母》那流畅的风格人们不难看出他受到了早期文艺复兴雕塑家多纳泰罗的影响,但观者无不被那熟练的大理石雕刻技巧所折服,要知道,当时作者还不满 17 岁。

尽管《半人马与拉庇泰人之战》这件作品的早期草稿出自古罗马的石棺,但这件作品证明了米开朗琪罗的独特天分。在这件作品中,米开朗琪罗首次用人体的激烈扭动来表现戏剧化的冲突场景。《半人马与拉庇泰人之战》预示了以后那些伟大作品的到来,米开朗琪罗在这件石材作品中的独特感悟——激烈的冲突和力量之美,被其保持终生。

另外两件作品《塔代圆浮雕》和《皮蒂圆浮雕》像是在告知大家,米开朗琪罗作为一名雕塑家已真正成熟起来了。

这两件圆浮雕显示米开朗琪罗在处理同一题材时的精心安排。《皮蒂圆浮雕》中的人物被集中向圆心,所有的曲线都紧凑地将人物围绕在一起;《塔代圆浮雕》则将圣母安排在一侧,怀中是小约翰,两人的目光看向左侧的圣婴,流动的身体曲线和散开的构图安排,使圣家庭平添了许多人世间的欢乐气息。

在米开朗琪罗出生时,新的艺术形式才刚刚出现了约70 年,尤其是在佛罗伦萨,画家们用新的色彩和光影观念进行了更富创造力的尝试,透视法被发现,在平面上画出三维空间里的真实人物成为可能,中世纪象征性的平面化绘画风格被彻底丢弃。那时期诸如此类的艺术实践随处可见,新的建筑、雕塑、壁画、木刻版画都在向米开朗琪罗讲述着全新世界中的新人类所有的艺术兴趣,也许这才是米开朗琪罗真正的学校,真正的老师。在这里,米开朗琪罗完成了从学徒到一个艺术大师的转变。

■ 《梯旁圣母》

■ 《塔代圆浮雕》

世界大艺术家成功故事

《大　卫》

1495 年, 20 岁的米开朗琪罗来到了罗马。他先是在主教家做客,并为主教制作了一件未完成的雕塑。接下来,一个来自佛罗伦萨的朋友雅各布成为米开朗琪罗的保护者。在他的帮助下,米开朗琪罗在自己那一系列杰出作品的目录上又添了两件:一件是弥漫着异教精神的裸体雕塑《酒神》,另一件作品据说是具有古典趣味的阿波罗或丘庇特。

后来,雅各布把米开朗琪罗引荐给了来自法国的红衣主教让·德威勒,这位主教很想在自己退休后在老"圣彼得"大教堂内建造一座雕塑——《哀悼基督》,于是,把这个任务交给了米开朗琪罗。

1498 年 8 月 26 日,他们彼此签订了历史性的艺术品契约。它要求了具体的尺寸、内容,以及完成时间。年轻的米开朗琪罗完成了,而且大大超出了合同所要求的完美程度。

《哀悼基督》向这个世界宣告:一个真正的超一流艺术大师诞生了。米开朗琪罗的名字迅速地在欧洲传响起来,那年他只有 24 岁,然而这才只是一个开始。

在完成了《哀悼基督》两年之后,米开朗琪罗又制作了一件比较杰出的作品——《布鲁日圣母》。这次米开朗琪罗为这个圣母和圣婴的题材注入了新的内涵,他不再把他们表达为那种为人世间的欢乐家庭气氛所环绕的圣母子,而是雕刻出一个不带任何微笑,正襟危坐着的圣母——一个 15 世纪下半叶典型的玛丽亚形象。

1501 年春天,米开朗琪罗离开罗马返回故乡佛罗伦萨。有朋友写信告诉他,他回去将有机会得到一块巨大的大理石。

这块高 5 米、重达数吨的白色大理石静静地躺在大教堂的草丛之中已许多年了。结果,米开朗琪罗得到了这块巨石。

1507 年 9 月,在教堂边搭建的工棚下,米开朗琪罗开始雕塑他心中的巨像——《大卫》。大约 5

《布鲁日圣母》

年后，这尊巨像终于完成了。这是一个重要的历史时刻，文艺复兴鼎盛时期的标志性作品诞生了。

《大卫》是米开朗琪罗真正的首件最具个性的、最代表其个人独特风格的作品。在这件作品中，他高超的技巧，对美学的深入理解，充满激情的想象力以及对艺术人生的深入思考，无不因他的天才而展现无遗。

那以色列人的少年英雄大卫，左手握投石器，怒目远方，似乎正要开始同巨人歌利亚的战斗，右臂相对放松地垂落，与左侧的警戒状态形成对比。人们有理由相信，放松的右侧身躯背后是万能的主在庇佑他，而左侧则预示着每个英雄人物必须面对的各种险恶命运。

《大卫》使米开朗琪罗的英雄主义得以升华，大卫已不再只是一个优美的形象。米开朗琪罗将人物处理得近乎完美，英俊、威武的脸庞，健硕而比例匀称的身躯，无不代表着人类对超越自身的渴望。

1501年至1504年，米开朗琪罗在雕刻大卫的同时，还为一个富有商人制作出3件关于圣家庭题材的作品，其中两件是我们前面提到的《塔代圆浮雕》和《皮蒂圆浮雕》，另一件是绘画作品《圣家庭》。

米开朗琪罗接受了为诸侯宫会议厅制作《卡西纳之战》的合同。这是一幅巨大尺寸的画，米开朗琪罗接受这项很有挑战的任务。米开朗琪罗要向他所认为的对手和敌人挑战，那就是列奥那多·达·芬奇——唯一在声望上超过自己的艺术家。

这两位在艺术史上被列为文艺复兴盛期头号人物的大师开始了他们并不友好的竞赛。达·芬奇选择了画《安加利之战》，其主题是表现1440年佛罗伦萨人战败米兰人的一次战役。米开朗琪罗选择了《卡西纳之战》，这是因为在卡西纳这次战斗中有数百士兵裸体泅渡，那些在河中挣扎的场景可以使米开朗琪罗再次利用他的人体解剖知识表现出一个充满意志、紧张和力量的战斗画面。但最终，两人的未完成的图稿都在战乱中被毁，后世只能从零星的摹本中窥豹一斑。

↑《大卫》

这顶尖的较量在意大利引起了前所未有的轰动，两位大师都在进行着里程碑式的工作。意大利各地艺术家——已有盛名的老画家和年轻的学生们蜂拥而至，希望从这两幅图稿中学习更多的东西。在那些慕名而来的朝拜者的行列中，有一个23岁的年轻人名叫拉斐尔，不久之后他成为与达·芬奇和米开朗琪罗齐名的第三位天才艺术家。

遭受迫害

米开朗琪罗还未真正开始完成《卡西纳之战》这幅壁画的时候，新任的罗马教皇、铁腕人物尤里乌斯二世，下旨征召米开朗琪罗前往罗马，以帮助他实现自己的一系列恢弘构想。教皇的构想过分庞大和复杂，而且最终也被放弃，这使米开朗琪罗为此虚耗了许多时日，并给他造成了很大的伤害。但命运也许有意如此安排，此次罗马之行，饱受磨难的米开朗琪罗却由此续写了他艺术生涯的又一辉煌篇章。

尤里乌斯梦想有朝一日用其神权统一意大利，甚至欧洲。米开朗琪罗到罗马后，他接受的任务是重建圣彼得大教堂。重建的目的是尤里乌斯想给自己建造陵墓，并将它建造在圣彼得大教堂内部的显要位置。为此，米开朗琪罗设计了一个巨大的陵墓建筑——高11米、宽7.3米，上面将用40个比真人还大的雕塑做装饰。建造这个恢弘的陵墓，米开朗琪罗真正意图是希望借此机会用他全部的精力和才能去完成那个时期的超级雕塑，并相信5年内可以完成。

▌后人仿照米开朗琪罗的《卡西纳之战》草图所画的仿制品

教皇请来了两个伟大的建筑师——桑格洛和布拉曼特。他们一个是米开朗琪罗的挚友，另一个是敌人。

布拉曼特挑拨离间，终于使教皇改变了主意。教皇越来越少地接见米开朗琪罗，也不付工程所需的款项,使米开朗琪罗陷入了财务危机。

　　一天,米开朗琪罗去求见教皇,吃了闭门羹。于是,他写了一封大不敬的信,并一刻也不停留地迅速踏上回佛罗伦萨的行程。回到佛罗伦萨,他继续画那幅《卡西纳之战》的图稿。

　　教皇恼怒了,1506年年底,尤里乌斯带领军队占领了博洛尼亚,米开朗琪罗同作为佛罗伦萨使者的主教不无惶恐地前去晋见教皇。尤里乌斯二世宽恕了他。教皇不再提陵墓的事,他要米开朗琪罗留下来为他建造一个比真人大3倍的青铜塑像。

　　1508年春天,米开朗琪罗又回到了罗马,因为教皇有新的工作要他做——为西斯廷小教堂天顶制作大型绘画。这项工作的艰难程度一点儿也不亚于前几次,但如同我们将会看到的,它给了米开朗琪罗青史留名的又一次机遇。

　　事实上,这又是布拉曼特从中捣鬼。他对米开朗琪罗与教皇的和解忧虑万分,因此他要让米开朗琪罗做他不想做并且注定要名誉扫地的事。按照布拉曼特的如意算盘,米开朗琪罗对壁画技术并不在行,而且拉斐尔的著名杰作《雅典学派》和《圣佛争辩》已经问世,这时拉斐尔正开始在梵蒂冈宫中为教皇的图书室画一系列壁画。凭借拉斐尔完美的壁画技术和天才,米开朗琪罗注定将被挫败。

▲《圣佛争辩》

　　米开朗琪罗明白这一点,在教皇的指令下,他无奈地接受了这个巨大的工程。

不朽的艺术

　　1512年10月,西斯廷小教堂终于对公众开放了,米开朗琪罗这位超级的雕塑大师用西斯廷小教堂的穹顶画证明他同样是一位绘画大师,并使自己"置于所有羡慕和嫉妒的顶点"。时年37岁的米开朗琪罗又一次登上了艺术

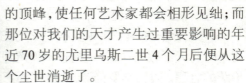

↑《洪水》

的顶峰，使任何艺术家都会相形见绌；而那位对我们的天才产生过重要影响的年近 70 岁的尤里乌斯二世 4 个月后便从这个尘世消逝了。

米开朗琪罗用 4 年时间，在约 500 多平方米的穹顶上画了约 300 来个人物形象——尽管最初的计划只有 12 个。由于长期仰面工作，米开朗琪罗在此后的很长时间里想阅读家信都不得不举过头来看。

从《洪水》开始到最终以《创造昼与夜》结束，米开朗琪罗给他的这幅辉煌巨作注入了新柏拉图主义的理念，那就是生命也许只是我们摆脱肉体束缚而使灵魂在上帝那里得到自由的一个旅程。通过画西斯廷小教堂穹顶画，他越来越受到鼓舞，似乎已逐步走向自由王国，他的灵魂升华了。

尤里乌斯二世去世了，他的侄子和财产继承人阿格尼斯主教不久便和米开朗琪罗重新签订了建造尤里乌斯二世陵墓的合同，时限为 17 年，并且给米开朗琪罗 16500 金币。

从 1513 年到 1516 年，米开朗琪罗都在为建造这个大陵墓辛勤地工作着。在这内心相对平静的时期，他创作出了三尊完美的传世之作：一件是《摩西》，充满着尊严与力量的摩西，右臂下夹着那部著名的法典，扭头凝视着远方，似乎正在为看到希伯来人的堕落而震惊和愤怒，也同时由于预见未来而略带焦虑，那将是他们无法逃脱而且应得的惩罚；另两件分别是《垂死的奴隶》和《挣扎的奴隶》，这两件充满米开朗琪罗特有的力量与气魄的作品试图表达为自由而进行的抗争。这三件作品都是为尤里乌斯陵墓所做的，但最终却只有《摩西》被安放在陵墓的中心位置，那两件《奴隶》辗转作为礼物被送给了法王弗兰西斯一世，现在作为法国收藏的仅有的米开朗琪罗的作品被安放在罗浮宫中。

1516 年夏季，米开朗琪罗早期保护人罗伦佐·美第奇亲王的第四个儿子利奥十世继位了，小时候他是米开朗琪罗的玩伴之一。

↑《摩西》

利奥十世决定让米开朗琪罗重建美第奇家庙的主立面——圣罗伦佐教堂，米开朗琪罗接受了这项任务，但他同时还要继续完成尤里乌斯二世陵墓的工作。

米开朗琪罗像往常一样，他认为完美的作品必须全由自己来完成。他花费了 3 年的心血在这个工程上，结果，没有耐心的利奥十世竟然取消了契约。

没有人真正关心米开朗琪罗的痛苦，利奥十世迅即忘却了他所取消的契约，转而请米开朗琪罗设计一个新的圣器收藏室，并雕几尊纪念像，米开朗琪罗再次答应了。对艺术创作的疯狂渴望使他忘记了过去的痛苦经历，他又一次满怀着激情投入这项工作中。

新的圣器收藏室中有 7 个雕像出自米开朗琪罗之手，《圣母子》和 4 个暗喻性的雕塑《夜》、《昼》、《晨》、《暮》以及罗伦佐和朱利亚诺·美第奇的塑像。

《圣母子》

这些雕像是在诉说着米开朗琪罗对死亡和不朽的思考。在朱利亚诺的石棺上，斜躺着两个象征着夜与昼的裸体人物，在为上面的公爵悲伤，他的死使"我们的生命黯然无光"；在罗伦佐的石棺上，斜靠着的《晨》与《暮》，他们似乎在哀叹着人生的短暂，而相反，坐在其上的罗伦佐仿佛平静地接受着这一切，他左手微撑在面颊上，好像正在思考着什么。米开朗琪罗忽略了罗伦佐的相貌特征，把他塑得更为俊美。

据说当有人指出这不像罗伦佐本人时，米开朗琪罗告诉他，一千年后不会有任何人关心这个问题。米开朗琪罗认为容貌的相似并不重要，重要的是他要给予雕像"坟墓之外存在的不朽灵魂的写照"。

事实上米开朗琪罗为此工作期间，他的父亲和他最爱的一个弟弟死去了，这显然使他的心情坠入低谷，他遭受的这种悲痛让他认为自己的生活也将走到尽头，"我的力量已很小，我老了，"他说，"我知我将死去。"

在这种心理境况之下，对死亡的深入思考被带入美第奇小教堂（圣器收藏室）是顺理成章的。最初这个小礼拜堂只考虑在中心放置一座墓，而米开朗琪罗最终把整个小教堂变为了墓穴：空旷的门窗，没有生活气息的立面，静寂地粉饰着这渴望升天的死亡之室，而那尊罗伦佐的大理石雕像就是这里的永久居民。

1521 年，随着利奥十世的逝去，罗马也发生了变化，如历史学家格奥沃所说："知识、艺术、生命的乐趣———一句话，所有美好的事物都一同随着利奥十世走入了坟墓。"

美第奇家族暂停了美第奇墓的修建，新任教皇亚特兰六世对所谓的人文的繁荣没有什么兴趣，米开朗琪罗又回到了尤里乌斯二世陵墓的工程建造中。

然而，亚特兰六世在位只短短 20 个月便死去了。

《末日审判》

主教们顺从民意，选举出了新的教皇格莱芝七世。他是个宽容的人，很想继续尤里乌斯和利奥十世的事业，但他的努力始终没有阻挡住伟大的文艺复兴逐步走向衰落。原因很多，其中之一是在他任职的第四年，整个意大利开始被政治动乱和战争所困扰。

格莱芝对米开朗琪罗的热爱是众所周知的。他能容忍米开朗琪罗的冒犯，同情他的痛苦，并总是试图为他寻找能释放他天才能量的机会，米开朗琪罗因此而愿意为格莱芝做出牺牲。

❶教皇格莱芝七世

完全出于个人情感的原因，当米开朗琪罗知道格莱芝七世有意请他设计罗伦佐图书馆时，他又一次把尤里乌斯二世的陵墓抛在一边，满怀热情地去干这项新的工作。与此同时，美第奇墓的修建工程也再次继续。

这期间麻烦不断，尤里乌斯二世的亲属坚持要米开朗琪罗完成陵墓，他们准备控告他违约，否则便退回所有的钱。美第奇家新教皇的上任也无法阻止这些，如果尤里乌斯无畏的亲属们控告成功，米开朗琪罗将会破产，他恳请格莱芝七世从中周旋。当然，基于教皇的权威，他与尤里乌斯的亲属们达成了新的协议，他将完成一个比最初规模大为减小的陵墓，主立面的雕塑也只需要他亲手完成六尊。

1527 年，西班牙国王查理五世带兵攻陷了罗马，把格莱芝七世围困在靠近梵蒂冈的一个城堡中，为的是报复教皇和法国联合起来针对西班牙的阴谋。这个消息迅速传到了佛罗伦萨，美第奇的家人们知道该做什么，他们一刻也不停地逃离了佛罗伦萨。而佛罗伦萨人也立刻恢复建立了彼得·美第奇被逐时曾建立过的共和国议会，民主体制再度激起人们的热情，当然，米开朗琪罗也狂热地投入到了这场革命中去。

佛罗伦萨需要建造坚固的城防系统以维护共和国的安全，不是为了防卫查理五世，而是为了防卫格莱芝七世。因为他们确信，一旦格莱芝七世从西班牙人的麻烦中解脱出来，立刻就会在佛罗伦萨恢复美第奇家族的统治。

米开朗琪罗积极地参加到城防系统的建设中，在对美第奇家族的忠诚和共和国理想两者之间，他选择了后者。一旦做了决定，他便会把他所有的热情和智慧投入其中。很快，他便从一个志愿者跃为城防武装力量的领导者之一。然而 3 年之后，由于一些人的叛变，格莱芝七世又回到了佛罗伦萨。当时的许多抵抗运动的领导人被投进了监狱，米开朗琪罗也藏了起来，因为他有理由惧怕教皇的报复。对美第奇家族来说，他无疑是个叛变者。

但是，格莱芝七世没有记恨米开朗琪罗，他理解并热爱着他。

1534 年春天，米开朗琪罗匆匆赶往罗马，两天后，那个最热爱他、最能宽容他的保护人格莱芝七世就去世了，而米开朗琪罗再也没有回到佛罗伦萨，失去了教皇的保护，敌人们会把他撕得粉碎。

他定居罗马时已经快 60 岁了，他的活力减退了，常常自我怀疑。走向衰弱

🔺 查理五世

🔺 年迈的米开朗琪罗画像

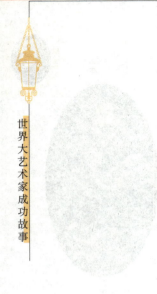

的他留在了走向衰败的罗马。他不再沉醉于不停地工作，他努力使自己的生活有点秩序，并开始注意仪表，整齐地穿着上等亚麻衬衣，皮靴是自己设计的，合身的夹克衫和长裤通常是黑色的，他需要体面而平静的生活，虽然这不是他的本性。

平静安宁的生活没有保持多久，新上任的教皇保罗三世又登门造访了。尽管米开朗琪罗并不需要教皇充任他的保护人，教皇对他来说太多了，但谁让他是天才呢？保罗听不进去米开朗琪罗的解释，为了让他把精力投入自己的工作中，保罗设法再次迫使尤里乌斯二世的后人更改了契约。

1536 年，米开朗琪罗开始了新教皇委派的工作，在西斯廷小教堂的一面墙上画一幅《末日审判》。

《末日审判》于 1541 年完工，同天顶画的理想英雄主义不同的是，这幅也许是米开朗琪罗最后杰出的壁画作品，笼罩着文艺复兴末期的悲观主义情绪，给观者提供了那末日来临的恐怖景观。位于中心显要位置的耶稣正举起他那暴怒的手，殉教的圣徒们惊恐地围绕着他，耶稣身后是圣母，在底下，亡灵们按他们生时善恶分别被无翅的天使迎往上天或被恶魔的利爪驱往地狱。这是一幅关于罪恶和死亡的恐怖画面，它代表英雄的柏拉图主义者米开朗琪罗在生命的后期对基督教原罪意识的回归。米开朗琪罗曾这样责备自己："我生活在罪恶之中，生活在死去的自己中。"他向上帝求告："哦，给我那万物之先的光明吧。"

米开朗琪罗仍通幅采用健硕的裸体来表现那每个人都无法逃脱的末日，他毕生都用这种手法象征不可触摸的灵魂。当这幅杰作正在进行

《末日审判》

时,教皇的司仪长塞斯纳如同所有被时代的愚腐观念固执着头脑的人一样,宣称这幅充满裸体的作品更适合于公共娱乐场所而不是上帝的居室。米开朗琪罗立刻用自己的方法回敬了这种批驳,他把判官米诺斯的形象画成塞斯纳的脸,正在地狱中为毒蛇的缠绕而恐惧地哭泣。塞斯纳向教皇保罗告状,而教皇回答他:"如果画家把你放在炼狱之中,我或许有办法让他释放你,但我的影响无法到达地狱,你在那里是无法救赎的。"

黄昏中的米开朗琪罗

1536 年,在米开朗琪罗开始画《末日审判》的同时,他遇到了据说是他一生中唯一爱过的女人维多利亚。维多利亚是欧洲众多不知名的小公国之一、巴里亚诺公国亲王的女儿。她年轻时便是基督教神学的研究者之一,尤其在她不幸婚姻之后,她更加把精力投入神学研究和文学艺术之中,她有关宗教主题的诗歌在意大利颇有盛名,我们有理由相信,米开朗琪罗生命后期宗教情绪的日益增加和维多利亚紧密相关。

与维多利亚的友谊及对她的热爱使米开朗琪罗的思维发生了变化。维多利亚深信基督的精神不仅仅是慈悲,她写到:"基督两次降临……第一次……他是慈悲的、善良的和怜悯的……第二次,他是万能的、强有力的仲裁者,这时没有任何的慈悲和宽恕。"这第二次,便是我们在《末日审判》中见到的基督,也是米开朗琪罗生命后期心目中的基督。

《末日审判》之后,米开朗琪罗又接受了教皇的一项任务,为波罗纳教堂绘制壁画《圣保罗之改宗》和《圣彼得上十字架》。当他完成这两幅作品时,已经是 75 岁的老人了。这是他最后的绘画作品,他告诉瓦萨里:"绘画,尤其是有

📙《圣保罗之改宗》

许多巨大形象的壁画,已不是一个老人能做的了。"

《圣保罗之改宗》表现的是圣徒保罗在大马士革途中听到来自天堂的声音时的情景。从盲人保罗的脸上我们也许会发现米开朗琪罗老年的影子。《圣彼得上十字架》中,即将为信仰献身的彼得没有显示出被痛苦所扭曲的神情,他扭头注视着观者,似乎在告诉观者他的殉道即是一种再生。

作为一个老人,米开朗琪罗也似乎不适合再做雕塑了。这之后他做了许多努力,但已经无法再完成任何一件了。《基督下十字架》是他为自己的陵墓准备的,中间正竭力扶起基督的老者是米开朗琪罗自己的肖像,最终由他的学生卡尔卡尼完成了边上的人物。《荣达尼尼的哀悼基督》是他最后的作品,虽然远未完成,但仍能从中体会到米开朗琪罗晚期精神上对基督教的皈依。

1547 年,米开朗琪罗接手监造圣彼得大教堂,也许由于这本该是属于他的光荣工程,毕竟,尤里乌斯二世是由于没有地方置放米开朗琪罗所设计的庞大陵墓才决定重建圣彼得大教堂的。

他对布拉曼特的设计风格做了修改,不是出于对已逝去的这个敌人的仇恨,而是因为他觉得没有比新的设计更适合圣彼得大教堂的了,希腊式的十字长廊,顶部有一个

⚑《基督下十字架》

巨大的穹顶。但他马上遇到了许多的反对者,一些梵蒂冈的主教和高官们反对他取消前任总监桑加罗的设计,瓦萨里把他们叫做"桑加罗派",但教皇支持米开朗琪罗,保罗三世不太在意手下们的不满。然而保罗三世在发布敕令确认米开朗琪罗的地位,但不久他便辞世了,接下来是尤里乌斯三世。桑加罗派卷土重来,他们劝说教皇召开了一个工程会议,

塞韦尼主教在会议上指责米开朗琪罗没有在后殿的穹顶设计窗子，这样会使整个建筑内部黑得像坟墓。当米开朗琪罗解释说那里会有天窗时，主教说："你从未和我提起过这件事。"米开朗琪罗回答他："我没有义务告诉你或任何一个人我做什么和想做什么，你的义务是提供钱和注意它不要被偷走，建筑是我的事。"结果，尤里乌斯三世也同样没有支持桑加罗派，他"邀请米开朗琪罗去自己的宫中谈了许多艺术方面的问题"。

4年后尤里乌斯三世又去世了。米开朗琪罗惊恐万分，差点逃回佛罗伦萨去，原因很简单，新任的教皇已经产生，他就是桑加罗派的主力先锋——那位塞韦尼主教——现在的马塞留斯二世。然而米开朗琪罗又一次胜利了，马塞留斯二世在位仅23天便听从上帝的召唤，奔向天国而去。

随着圣彼得大教堂渐渐显出它巍峨的穹顶，米开朗琪罗的体力开始衰退，但他仍然尽可能地工作，在他85岁时，他还骑在马背上去视察圣彼得大教堂的建造工作。

1564年2月12日，米开朗琪罗把一整天的时间都用在雕琢《荣达尼尼哀悼基督》上。2月14日，即使那天很冷，他仍坚持出去散步，但这天下午他病倒了，他知道大限已到，他告诉身边的人把他的所有分为三份：灵魂交给上帝，躯体交给泥土，财产交给最近的亲属。他建议他们思考耶稣的受难，同时开始更好的生活（瓦萨里记述）。2月18日，米开朗琪罗的灵魂飞往天国去了。

按照米开朗琪罗的遗愿，他的遗体被运回了佛罗伦萨。瓦萨里这样记述："第二天所有的画家、雕塑家和建筑师静静地陆续而来，给他的棺柩罩上了饰有金边的天鹅绒幕布……晚上他们安静地集合……年长的和有成就的艺术家每人打着一柄火把，年轻的艺术家抬起他的棺木，他们祈祷着这伟大的艺术大师能庇佑这片土地。"

米开朗琪罗在他临终之时说道："我后悔没有尽己所能拯救自己的灵魂，并且在我死时才刚刚开始懂得我的职业。"

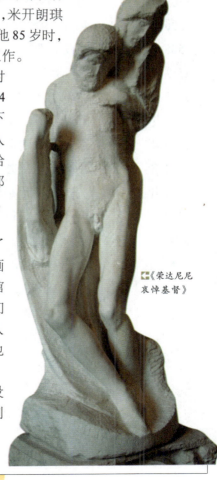

《荣达尼尼哀悼基督》

大 事 年 表

1475 年	3 月 6 日,出生于佛罗伦萨。
1488 年	进入佛罗伦萨的基兰达约画室当学徒。
1492 年	雕出第一件独立作品《梯旁圣母》。
1498 年	完成《哀悼基督》,名声传遍了欧洲。
1501 年	返回佛罗伦萨,并开始筹划雕刻《大卫》。
1506 年	年底,为教皇尤里乌斯建造青铜塑像。
1508 年	接受为西斯廷小教堂穹顶制作绘画的任务。
1512 年	西斯廷小教堂对外开放。
1513—1516 年	为教皇尤旦乌斯二世建造陵墓。
1516 年	新教皇利奥十世上任。与利奥十世签约,重建美第奇家庙。
1519 年	教皇撤销建造陵墓的契约。
1521 年	新教皇格莱芝七世上任。奉命继续修建美第奇家庙。
1541 年	完成西斯廷小教堂的壁画《末日审判》。
1547 年	接手监造圣彼得大教堂。
1550 年	为波罗纳教堂完成壁画《圣保罗之改宗》《圣彼得上十字架》。
1564 年	2 月 14 日病倒,留下遗嘱。
	2 月 18 日撒手人寰。

莫扎特

　　莫扎特是艺术史上的一个奇迹，他使人们认识到发自心灵深处的音乐之美，也使人们认识到他那与生俱来的平和、典雅和善良的天性。莫扎特是为音乐而生的，他是上帝派到人间的天使，他的音乐是天国的语言，可以抚慰人们的心灵，美化人们的生活。莫扎特在音乐上的贡献是巨大的，直到今天，歌剧《费加罗的婚礼》每月总在世界上的某个剧院上演。

　　莫扎特的音乐作品成为200多年经久不衰的音乐作品，应该说，莫扎特不属于一个时代，而属于所有的世纪！

"音乐神童"

1756年1月27日,阿尔卑斯山脚下的奥地利小城市萨尔兹堡,一栋五层楼的分租公寓里诞生了一个男婴。这个男婴便是沃尔夫冈·阿梅丢斯·莫扎特。

莫扎特的故乡萨尔兹堡是离维也纳不远的一座小山城,当时隶属于巴伐利亚。这里风光秀丽,美丽的萨尔察赫河穿城而过,颇有山灵水秀的神韵。在罗马帝国统治时期,萨尔兹堡是一个"自治市",由罗马帝国任命的大主教统治,这些大主教一般由本地的贵族们担任,他们有着很大的自主权,加之萨尔兹堡近郊盛产岩盐,这一切不仅带动了小城的经济发展,同时也使得这里充满了浓郁的文化氛围,它几乎成为了罗马帝国的艺术中心。

莫扎特的父亲里奥普德·莫扎特当时在皇室的宫廷乐队中任乐师,在音乐方面颇有造诣。这对莫扎特产生了很大的影响。当父亲发现儿子表现出来的非凡天赋时,他感到无比的激动,并全身心地投入到儿子天赋的发掘与培养中。

莫扎特就是为艺术而生的,他的音乐天赋是与生俱来的,是融入一个人的血液里的。

一颗天生爱好音乐的童心加上一位专业父亲的指导,4岁的莫扎特很快就能够弹奏小步舞曲了,对音乐的迷恋到了如痴如梦的地步。5岁时,莫扎特创作出了他生平的第一支乐曲——《小步舞曲》,当然乐谱是由父亲代写的。

里奥普德·莫扎特(1719～1787),莫扎特的父亲。他是位颇有成就的音乐家,

1762年1月,父亲里奥普德带着年仅6岁的儿子和11岁的女儿前往巴伐利亚的首府慕尼黑。当时的慕尼黑每年从圣诞节到复活节都会举行大型的庆祝活动,里奥普德觉得此时到慕尼黑是再好不过了。

一到当地,里奥普德就受邀为当地的选帝侯举行了一场精彩的音乐会,音乐会获得了空前的成功。人们无法相信自己的耳朵,争相一睹两位天才儿童的演奏。一时间,莫扎特一家人成了大街小巷人们议论的焦点。

后来，他们还被多次邀请为上层贵族和皇室演出。对莫扎特而言，他有幸第一次观赏到了意大利歌剧，他对歌剧的喜爱程度大大超过了其他音乐作品。在慕尼黑停留3周后，他们启程返回萨尔兹堡。这时的里奥普德心中在计划着更大的一次巡回演出。

这年9月，父亲里奥普德和孩子们再次离家奔赴向往已久的奥地利首都维也纳。

维也纳历来享有"世界音乐之都"的盛誉。作为音乐之都，维也纳的确名副其实。这里浓厚的音乐气氛不仅孕育了许多伟大的音乐作品，还哺育了不少的音乐天才。音乐史上名垂千古的"交响乐之父"——海顿，就是在维也纳名扬天下的。

父亲里奥普德精心安排了两个孩子的首次演出。他们来到舍恩布朗城堡里，为弗朗西斯皇帝和玛丽亚·特蕾莎皇后演奏。王室成员被他们的音乐震惊了，演出结束后，为了表示赞赏，皇室赐给了莫扎特一件浅紫色的华服和100金币。

1762年秋天，他们从维也纳回到萨尔兹堡。当时，萨尔兹堡宫廷乐团中有不少里奥普德的好朋友前来看望莫扎特一家，其中有小提琴手温策尔先生和夏希特纳先生，他们带来了6首小提琴三重奏曲子，准备与里奥普德一起切磋这些作品。当他们即将试奏这些作品时，站在一旁的小莫扎特拿着一把儿童用的小提琴（在维也纳收到的礼物）要求加入其中。第一首曲子开始了，没过多久大家就惊讶地注意到，从未学习过小提琴演奏知识的莫扎特把6首三重奏全都拉了，而他们似乎成了多余的人。

莫扎特在幼年所表现出非凡的视奏与反应能力，简直是音乐才智上的特异天赋，就连歌德也曾经评价："像莫扎特这样的现象是无法解释的。"

当时的欧洲音乐正蓬勃发展，贵族们争相邀请莫扎特到家中演出，他们这种附庸风雅的举动，不仅使莫扎特赢得了"音乐神童"的美誉，也使莫扎特一家赚了不少钱。

莫扎特于1762年6岁时的画像。他身上穿着的宫廷服饰原本是为皇太子马克西米利安准备的，后由皇后玛丽亚·特蕾莎赠送给莫扎特。

欧洲巡回演出

　　1763年6月，里奥普德一家开始了第一次长途巡回演出之旅，前往德国、巴黎和伦敦。一路上，父亲里奥普德为了筹措必要的旅费，随时当众演奏。他们的足迹遍布欧洲，几乎赢得了每一位观众的心，同时也赚到了很多钱。但在寒冷或酷暑的季节里坐着马车四处奔波并不是件舒服的事，年少的莫扎特和姐姐南内尔一路上不断受到疾病的危害。他甚至得了猩红热，幸好痊愈了，但他又要身负重担，去赚钱度日。虽然如此，但这段经历使莫扎特开阔了艺术视野。在夏宫，他听到了著名的曼海姆管弦乐队的管风琴演奏。这种有着3万多根管子，被称为"乐器之王"的庞然大物竟深深地吸引了莫扎特。

　　在德国，莫扎特一家经过了慕尼黑、曼海姆、奥格斯堡、海德堡、法兰克福等城市。莫扎特以其最独特的演奏技巧和最不可思议的轻松方式，使他在德国引起了不小的轰动，他成了德国最大的奇迹。

莫扎特与姐姐南内尔以及父亲在巴黎。

　　结束德国的演出之后，莫扎特一家坐船去巴黎。18世纪的巴黎，正处于大革命的前夜，并不是想象中的那样美丽，街道上污浊不堪。莫扎特一家在一些有影响力的朋友帮助下，在圣诞节前进入凡尔赛王宫，在富丽堂皇的王宫里为路易十五的爱妃蓬巴杜夫人表演。除了凡尔赛王宫的演出之外，莫扎特姐弟俩在巴黎也听到了训练有素的交响乐队演奏的法国作曲家的新作，了解到旧宫廷歌剧同喜歌剧的斗争。当时，在巴黎的音乐，正是意大利派和法国派之间互相攻击最激烈的时候，这也是莫扎特对法国音乐的初次了解。

　　这一时期，莫扎特已经全身心地投入到音乐创作当中。在父亲的帮助下，已经开始进行日趋复杂的音乐创作。作品的难度从简单的钢琴奏鸣曲提高到了他的第一部交响乐。

第一部交响乐的诞生一开始就受到了重视，原因并不仅仅在于它的作者是一个 8 岁的小孩，更因为它具有明显的莫扎特的风格，每一个人都认为一定是出自莫扎特之手。

下一站，他们在加莱港坐船去英国的伦敦。伦敦和巴黎一样是一个富有的城市，它不仅有许多贵族，还有许多有钱的商人和贸易业者，更主要的是乔治三世和夏绿蒂王后都热爱音乐，多方鼓励音乐家的创作。

在伦敦，莫扎特认识了著名的德国作曲家约翰·克里斯蒂安·巴赫，他是伟大的音乐家塞巴斯蒂安·巴赫的小儿子。他因创作意大利歌剧而一举成名，后成为英国皇家剧院的宠儿。当莫扎特到伦敦演出时，这位 29 岁的大音乐家给了莫扎特很多音乐方面的知识。莫扎特早期的交响曲，很明显留有受克里斯蒂安·巴赫影响的痕迹，不免是些稚气之作。

世界大艺术家成功故事

莫扎特这时也认识到意大利歌剧的伟大。他有幸听到了真正出色的意大利歌剧团在伦敦的上演，接触了德国作曲家亨德尔的神剧，亨德尔是当时最受欢迎的宫廷作曲家，他的音乐在当时广为演奏。

在英国停留了一年多，里奥普德准备带儿女们返回家乡的途中来到了喜欢音乐的城市—慕尼黑。莫扎特给当地有着显赫地位的选帝侯马克西米利安·约瑟夫二世即兴作曲，并演奏，非常成功。

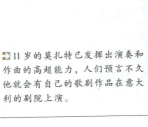
11 岁的莫扎特已发挥出演奏和作曲的高超能力，人们预言不久他就会有自己的歌剧作品在意大利的剧院上演。

音乐家的悲哀

1769 年 1 月,在离开了 5 年多后,莫扎特跟随父亲回到阔别多年的萨尔兹堡。对莫扎特来讲,这趟巡回演出的最大成果是认识到了意大利歌剧并深深地喜欢上他。

同年 12 月,莫扎特和父亲出发前往意大利。在这期间,莫扎特在佛罗伦萨、罗马和那不勒斯熟悉了各种类型歌唱家的演唱风格和意大利歌剧的特点。在波伦亚,莫扎特见到了意大利音乐理论家马蒂尼,并学习了对位技巧,让莫扎特深受教益。这时候,莫扎特已经开始一部接一部地推出他的作品,而这些作品中已经表现出他日臻完善的创作技巧。

1770 年 6 月 26 日,正在罗马的莫扎特和父亲被召到罗马西斯廷大教堂,为教皇克莱门特九世等人演出。教皇授予莫扎特黄金马刺勋章,同时,莫扎特也从那里带走了一件秘不外传的《求主怜悯歌》的乐谱。这支曲子是如此之珍贵,不可能在梵蒂冈以外的其他地方听到。凡是去西斯廷教堂参加演唱的人,不得将一份曲谱带出或传给他人;否则将会遭到教会的严厉处分。然而,莫扎特仅去西斯廷教堂听了一遍,便凭着非凡的记忆力记下了那首著名的、神圣的经文合唱曲《求主怜悯歌》,打破了教廷的禁锢。

1770 年秋,莫扎特把大部分时间用来学习意大利优秀歌曲的作曲方法和音乐知识,这对他和他的创作都将产生很重要的影响。这时,莫扎特开始综合德国和意大利音乐,创造出自己的音乐。

这一年,14 岁的莫扎特被破格选为著名的波伦亚学院院士,并被委以重任进行歌剧创作。

1770 年 12 月《防毒剂》和《海洋之王》两部歌剧在米兰首演,14 岁的莫扎特指挥了该歌剧的 9 场演出。然而并不是所有的人都欣赏这个少年老成的作曲家,他还是受到一些人的大肆抨击和诋毁。莫扎特在意大利遇到的阻力是前所未有的,更严峻的考验已经在等着他。

父亲宫廷乐队的工作也不能搁置太久,莫扎特和父亲

↑ 莫扎特的父亲曾说马蒂尼是影响莫扎特的音乐家之一。

↑ 1772 年的莫扎特

又回到了萨尔兹堡。莫扎特虽然在国外有很大的名气，但在萨尔兹堡，他们只是为大主教服务的奴仆。

年老的大主教去世了，新任的主教更严厉和专横。新主教只把这个多年来在欧洲获得很大声誉的音乐家当做他属下的写作工具使用，稍不如意，莫扎特就会遭受大主教的斥责和侮辱。

1775 年，莫扎特勇敢地向主教递交了辞呈，从此成为一个自由的音乐人。就在这一年，莫扎特就在萨尔兹堡以惊人的速度写曲，为了生存，他不得不更加努力地工作，仅在 9 个月里就完成了 5 首小提琴协奏曲。从这些协奏曲中，可以明显看出莫扎特对小提琴技术的掌握日益纯熟，他所创作的每一首新的协奏曲，都说明了他对自己的演奏有着越来越严格的要求。

这些乐曲风格典雅，旋律富于歌唱性。在形式上，莫扎特保留了传统的快、慢、快三乐章，同时还确定了第一乐章奏鸣曲形式的主题对比原则。为了强调小提琴协奏曲所固有的辉煌效果，莫扎特在小提琴协奏曲第一乐章尾声前的终止四六和弦之后，往往腾出一段时间让独奏者即兴发挥，也就是现在人们所说的"华彩乐段"。

遗憾的是，这些作品几乎全被当时流行于欧洲的所谓法国乐派的作品排挤掉了，直到 19 世纪 40 年代，莫扎特的这些协奏曲才又重新受到关注。

怀才不遇

1777 年，里奥普德让妻子陪同莫扎特一起前往巴黎去寻找成功的机遇，也许里奥普德还不放心莫扎特独自出门。

这年 10 月，莫扎特在曼海姆遇到一个朋友的女儿——歌唱演员阿洛伊西亚·韦伯，并爱上了她。

短暂的相处之后，1778 年 3 月底，莫扎特和母亲已抵达巴黎。然而莫扎特对重新来到巴黎并不开心。他发现，那些在他童年时代见过他的人，似乎对当年那个神童已不感兴趣了。

为了能在巴黎谋个好职位，也为了向人们证明尽管自

⬆ 年轻的歌唱演员阿洛伊西亚·韦伯

己年轻，但绝不比任何作曲家差，莫扎特带着格列姆先生的介绍信，去拜访了夏博公爵，但却碰了壁。

莫扎特来巴黎的最大目的就是为了大展其才。然而巴黎的生活让莫扎特越来越感到不快，他无法接受巴黎人的音乐品位。莫扎特为自己的音乐天分得不到认可而伤心不已。

而就在这时的 1778 年 7 月 3 日，母亲因病在异国去世了，这对莫扎特来说，打击非常大。母亲去世后不久，莫扎特写了一支激昂奔放的钢琴奏鸣曲，抒发他在母亲去世后的感触。

1778 年，22 岁的莫扎特在巴黎经历了一生中最黑暗的日子后，离开巴黎。在归途中，莫扎特去找心上人阿洛伊西亚，希望再续前缘，但这时已在小镇崭露头角的阿洛伊西亚已不再理睬莫扎特了。

沮丧的年轻作曲家回到了家乡。他在家乡过得很痛苦，不仅因为家乡的音乐氛围绝非一流，而整天面对一个专制的父亲，莫扎特感到很受束缚。

1781 年，皇家大主教克罗瑞多把莫扎特和他的父亲召到了维也纳。然而，莫扎特仍然没有得到应有的认可，也没有人为他提供表现自己才华的职位。他只希望为自己喜欢的音乐进行创作，尤其是他所钟爱的歌剧。

然而，不愉快的事正等着莫扎特。大主教命令莫扎特回萨尔兹堡去，而莫扎特刚刚接到新的创作任务必须继续留在维也纳。于是，两人爆发了冲突。莫扎特再也无法忍受这种专横，公开顶撞了大主教，结果被逐出了门。

莫扎特留在了维也纳，远离了父亲和大主教的控制。从此莫扎特开始过着自由的创作生活，他的重要作品大多是在此后的 10 年间写成的。

这是一幅莫扎特全家人的画像。莫扎特与姐姐南内尔一起演奏，父亲拿着小提琴在旁伴奏，墙上挂的是莫扎特母亲的画像。

《后宫诱逃》

1781年5月,莫扎特搬到曼海姆的老朋友韦伯家里住了下来。不久,他就喜欢上了阿洛伊西亚的妹妹——康斯坦兹·韦伯。与此同时,莫扎特拼命地工作,作曲,但是并没有得到应有的评价,然而还是有一个人看出了莫扎特的天赋,他就是约瑟夫·海顿。莫扎特的演奏给这位也许是当时最著名的作曲家留下了深刻的印象。

莫扎特在维也纳也不时举办一些反应热烈的音乐会。1781年12月24日,应奥皇约瑟夫二世的邀请,同穆西奥·克莱门蒂举行了一场音乐史上的重要竞技。为了迎合奥皇的愿望,克莱门蒂先弹奏序曲,再弹一首奏鸣曲。接下来莫扎特也先弹奏序曲,再弹了几段变奏曲,还即兴弹奏了由奥皇指定的主题。皇帝对莫扎特的表演作了极高的评价。

🔸 约瑟夫·海顿

同年,莫扎特又受命谱写一部歌剧台本《后宫诱逃》,这部歌剧的故事发生在16世纪的土耳其。西班牙贵族贝尔蒙德的未婚妻康斯坦莎和她的女仆,被海盗抢去卖给土耳其的巴夏,贝尔蒙德和他的仆人为了营救她们而潜入巴夏宫廷,但当他们策划康斯坦莎从后宫出逃时,不幸被卫队捕获,巴夏决定把他们全都处死,但在最后一刹那,巴夏忽然宽宏大量地释放了这4个人,并让他们回国。歌剧的旋律运用了大量的民间曲调,随着各种不同场面的变换,时而诚挚而抒情,时而充满悲戚和不安。

1782年7月16日,德国第一部民族歌剧《后宫诱逃》正式上演了。全奥地利的进步人士都热切盼望自己本国的艺术作品能够挣脱外国强霸势力的长期桎梏,所以将这次演出看作是一件值得庆幸的大事,热忱地欢迎它。随着这次演出成功,1783年至1784年在布拉格、波恩、莱比锡等地又连续上演,所到之处都获得了巨大的成功。《后宫诱逃》第一次为德国民族歌剧打开了广阔的发展道路,成为德国

🔸 莫扎特的妻子康斯坦兹·韦伯

歌剧发展中一块极为重要的里程碑。

《后宫诱逃》大获成功之后，1782年8月4日，莫扎特和康斯坦兹·韦伯走进了结婚的礼堂，他们的婚礼在圣斯蒂芬大教堂举行。

婚后，莫扎特进入了一个成就辉煌的创作时期。他成为了一个真正的自由的作曲家，开始了一系列的创作。他写了6首弦乐四重奏，献给作曲家约瑟夫·海顿，以感谢多年来对自己的热忱支持和欣赏。这6首作品分别是第14号（K.387）、第15号（K.421）、第16号（K.428）、第17号（K.458，"狩猎"）、第18号（K.464）和第19号（K.465，"不协和音"）。它们被评论家描述为纯粹的美与宁静，是对室内乐的最高贡献。

而就在莫扎特创作这些四重奏的时候，康斯坦兹·韦伯生下了他们的第一个孩子。莫扎特把妻子分娩时一阵阵的痛苦叫喊也写进了四重奏，妻子的呻吟变成了莫扎特笔下时起时伏的旋律，随着音乐的结束，一个小生命也诞生了。

创作中的莫扎特

1783年，莫扎特与妻子回到了萨尔兹堡。这是康斯坦兹·韦伯第一次与莫扎特的父亲见面，莫扎特要把妻子介绍给父亲，以此弥补父子之间的隔阂。而就在这时，一个悲痛的消息传来——他们交给保姆照看的两个月大的儿子不幸夭折。

莫扎特与妻子离开了萨尔兹堡，在返回维也纳的途中，他们在林茨市停留了一段时间，当地的图恩伯爵听说《后宫诱逃》在布拉格大获成功，特意为莫扎特安排了一场音乐会。但是莫扎特什么也没准备，所以他要为这场音乐会创作出一首全新的交响乐。

于是一部《林茨》交响曲在4天内赶写出来了，而且整部作品没有一个不恰当的音符，旋律极为迷人，作品热情迸发、气度恢宏。

　　天才的莫扎特来到人世间的义务似乎就是要传送美妙的旋律。他一生中的大部分时间都花在了表演和到处旅行上。然而在他短促得如同朝露的 35 个年头中，却接二连三地创造出了那么多杰出的作品。经整理发现仅收录于正式曲目中，编上了作品号码的，便从第 1 号一直排到 626 号！这还不算莫扎特即兴演奏的作品。

　　这时的维也纳也给莫扎特提供了一个尽善尽美的音乐气氛，使他能充分表现自己的独创性。在很短的时间内，莫扎特就声名大噪，在维也纳他成为了音乐界最高水准的象征。一时间，莫扎特成了没有头衔的贵族。他的钢琴协奏曲就是他音乐天赋的最好证明，作品中的旋律表现了莫扎特最深刻的情感。

巅峰之作

🔺 1786 年费加罗的婚礼的歌剧脚本

　　1785 年，莫扎特读了一本法国喜剧作家博马舍所写的名为《费加罗的婚礼》的小说，这本小说在当时是一本畅销书。书中叙述了一位理发匠把一个伯爵戏弄了一顿，并对其进行报复的故事。莫扎特读完小说后，难以抑制自己激动的心情，没有什么故事情节能比平民报复贵族更能吸引莫扎特了。于是，他决定以此创作一部歌剧，而歌词则由维也纳最好的歌词作者，一位优秀的意大利诗人、作家——罗伦佐·达·庞特所写。对莫扎特来说，与庞特合作是非常愉快的。莫扎特最伟大的 3 部歌剧《费加罗的婚礼》、《唐璜》和《女人心》皆由庞特作词。

🔺《费加罗的婚礼》插图

　　1786 年，莫扎特全速谱写《费加罗的婚礼》。这部歌剧的内容非常充实，然而博马舍的喜剧，在帝国的维也纳是禁止上演的，因此删掉了一些讽刺性的场面，但是原作的基本思想依然保留下来，贵族老爷同获得胜利的聪明仆人之间的鲜明对照，作为整个剧情发展和音乐描写的基础。莫扎特用其美妙的音乐手法描写了剧中平民与贵族之

↑莫扎特的钢琴协奏曲

间新颖有趣的情景,这部社会性喜剧对封建贵族制度的揭露和讽刺起着很大的作用。整部歌剧,自始至终都充满了旋律之美。

歌剧的序曲采用了交响乐的手法,言简意赅地体现了这部喜剧所特有的那种轻松而无节制的欢乐,以及它那进展神速的节奏,使音乐本身具有相当完整而独立的特点,成为音乐会上深受欢迎的,可以单独演奏的传统曲目之一。

1787年,当莫扎特来到布拉格时,他着实为这部歌剧在当地所取得的巨大成功而大吃了一惊。这里的人们谈论的全是关于《费加罗的婚礼》的话题。剧中的音乐还被改编成了德国舞曲。

莫扎特在创作《费加罗的婚礼》的同年,还为他的音乐会创作出3首钢琴协奏曲。在协奏曲中,他第一次使用了他最喜欢的木管乐器——单簧管,尤其是最后一首最具魅力的c小调(K.491),所用的大型管弦乐队也是他以前创作协奏曲所未曾用过的。这首协奏曲在初演时,其中的第二乐章曾根据听众的要求重演了一遍。就作品的戏剧性内容之丰富和交响发展之深度上说,它在18世纪的协奏曲中占据着极其突出的地位。

1787年,莫扎特被荣耀地任命为皇帝的室内乐作曲家,莫扎特的天才得到了承认。但这只不过是一个颇有名望的头衔,事实上,皇室从来没有给他任何作曲任务,薪水也只有前任作曲家格鲁克的一半。

同年春天,一个极有希望的16岁少年前来拜访,他就是路德维希·凡·贝多芬。这位少年正处在他的辉煌事业的开端,他风尘仆仆地从他的家乡德国波恩来到维也纳,他来向莫扎特拜师学习。听完这个年轻人的演奏,莫扎特说:"注意这个年轻人,将来他会令全世界的人刮目相看。"

这一年,庞特又向莫扎特推荐了一部名叫《唐璜》的新剧本。剧本讲述的是中世纪西班牙的

↑《费加罗的婚礼》歌剧剧照

一位贵族青年传奇般的寻花问柳的故事。剧中的主人公充满了矛盾，他既厚颜无耻，利用自己的魅力欺骗了许多小姐，但又勇敢、机智、不信鬼神，可最终他还是给鬼魂拉进了地狱。莫扎特在这部歌剧中采用了新的手法，使此剧融合了喜剧和悲剧的动机，也首次使谐歌剧的内涵远远超出了娱乐。

10 月的金秋，布拉格将上演莫扎特的新作《唐璜》，这也意味着布拉格将再度掀起莫扎特的音乐旋风。指挥棒在莫扎特手中翩翩飞舞，万千音符像花朵一样在人们面前开放。当音乐会的最后一个音符结束时，布拉格为莫扎特的音乐疯狂、沸腾。翌年春天，维也纳也上演了这位新任宫廷作曲家的歌剧《唐璜》，初演时并不受欢迎。

1788 年，回到维也纳的莫扎特，在不到几个月的时间内，创作出了他的最后 3 部交响曲，降 E 大调交响曲（K.543）、g 小调交响曲（K.550）和《朱庇特交响曲》（K.551）。这些曲子有着最成熟丰富的灵感构思，是莫扎特最能给听众以感官享受的作品，堪称他的巅峰之作。

■ 莫扎特的歌剧《唐璜》的插图

这 3 部作品虽然只在几个月内完成，但是每一部交响曲都各有特点：降 E 大调交响曲充满舞曲性的旋律和节奏，主题相当典雅，带有圆舞曲的特征，有载歌载舞的风味；g 小调交响曲则以真诚感人的抒情见长，这部交响曲有时也被称为"维特"交响曲，这是因为它直接反映了当时歌德在《少年维特之烦恼》这部小说中所体现的进步青年追求自由、个性解放的时代精神；而最后一部《朱庇特交响曲》则特别雄伟壮丽，是光辉史诗般的杰作。这三部交响曲是莫扎特全部交响曲的总结。

贫困的音乐家

世界大艺术家成功故事

1788 年到 1789 年冬天，莫扎特的创作量极少。他的经济状况好像没有多大改善，赚的钱仍然不够维持家计。他从未有一个拿薪水的稳定工作，而且大部分时候都是个自由作曲家，收入极不稳定。特别是从 1788 年之夏开始，财政危机困绕了他一年之久。

1789 年春天，莫扎特应朋友卡尔·李希诺夫斯基王子之邀前往柏林，去拜访一位热心赞助音乐事业的普鲁士国王。莫扎特虽然在国内穷困潦倒，但他的音乐在国外却闻名遐迩。莫扎特自从 1782 年定居维也纳，他的音乐之旅也算告一段落。但到国外演出并未终止，莫扎特和李希诺夫斯基王子先向莱比锡进发。莫扎特在莱比锡成功地演奏了《后宫诱逃》中的选曲，离开莱比锡，莫扎特又来到了柏林。

从 1701 年起柏林就成了普鲁士王国的首都。莫扎特到达柏林的那一天，柏林歌剧院正在上演《后宫诱逃》。普

歌剧《女人心》的服装

鲁士国王亲切地接见了莫扎特，并希望莫扎特留下来做乐队总指挥职务，年薪 3000 泰勒尔，可莫扎特却拒绝了。

一个月之后，莫扎特又回到了维也纳。整趟旅程唯一的收获，就是受柏林宫廷之命写了 6 部弦乐四重奏和 6 部钢琴奏鸣曲。但是不幸的事又来了，他的妻子病得非常严重，治疗的最好办法是去洗矿泉浴。他那微薄的宫廷薪俸连日常的生活开销都没办法支付，更别说支付妻子的医疗费了。走投无路之际，莫扎特又向好友求援，将妻子送到巴登疗养。

于是，整个夏天，莫扎特就一个人留在维也纳。他找到了一件好差事，奉奥皇之命作歌剧《女人心》。歌剧《女人心》同样由庞特作词，它比

《费加罗的婚礼》要滑稽得多，同时也被认为是非道德的。该剧在 1790 年 1 月底首演，并立即大获成功。

1790 年对莫扎特来说也是极艰难的一年，奥帝约瑟夫二世在 2 月驾崩。约瑟夫皇帝去世后，莫扎特向继位的里奥波德新皇帝请求一个新的职位，希望担任合唱团的指挥，但这位新皇帝已经把这个位置给了意大利作曲家安东尼奥·萨里埃利。日后，成为莫扎特顽固的敌对者的人。

莫扎特唯一的出路就是谱写一些简单的乐曲。这样一来，也可以挣几个杜卡特了。于是，莫扎特开始了一种新的音乐风格的创作，为一台八音钟谱曲。当时小巧精致的八音盒是 18 世纪大为流行的一类机械乐器，它是一种会按时奏乐的自鸣钟。因此，莫扎特也就多了一种挣钱的机会。另外，莫扎特还帮贵族子女学习音乐，所有的收入都拿到巴登去付康斯坦兹·韦伯的医药费。

安东尼奥·萨里埃利是与莫扎特同时代的杰出音乐家。

创作的艰难，灵感的枯竭，生活悲惨到了极点，但莫扎特却是个天生的乐观者。一个月后，当新皇帝要去法兰克福加冕时，维也纳宫廷指派萨里埃利带 15 位乐师前往，莫扎特并未在指派之列。但莫扎特胸有成竹，他确信法兰克福会给自己带来好运。于是自筹旅费，在法兰克福举行了一场音乐会。

到了目的地，莫扎特为庆祝里奥波德二世加冕，演奏了一首钢琴协奏曲。这首作品虽然不是他最优秀的，但却是最通俗易懂的协奏曲之一，因此广为流传。此后它一直被称为《加冕》协奏曲（K.537）。

莫扎特画像

没有音乐的葬礼

1791 年，莫扎特开始创作《魔笛》，而这也将是他一生中的最后一部歌剧作品。

《魔笛》采用德文剧词和拥有对白的德国歌唱剧的形式。剧词则取材于德国作家维兰德的一首幻想诗《鲁鲁》，故事情节十分离奇和稚气，主要讲述了一个发生在森林里的童话故事。一位名叫塔米诺的王子，同他所爱慕的公主帕梅拉经历了如迷宫般错综复杂的凶险与爱情，最后在紧急关头依靠魔笛的魔力，终成眷属，并在经受种种考验的过程中懂得了什么是邪恶与美德。

歌剧《魔笛》的音乐则广泛采用民间音乐的曲调，最显著的特点就是非常明朗，充满欢乐和兴高采烈的情绪。

《魔笛》被认为是莫扎特歌剧中最优秀、最纯洁、最深刻的作品之一，它获得了巨大的成功，甚至连萨里埃利都给予了这部歌剧热情洋溢的称赞。

1791 年，康斯坦兹生下了一个小男孩——弗朗茨。就在弗朗茨出生的同时，一桩怪事落到了莫扎特的头上。一天，一个信使给莫扎特带来了一位神秘的匿名主顾的委托，要求他创作一首葬礼弥撒上用的安魂曲。尽管莫扎特已经超负荷地在工作，但他还是接下了这个差事，因为这样可以挣点钱来维持生活。数个月之后，这位主顾就前来催要，而莫扎特完成了二十五章的头一章，第二章接近尾声，后面有十七章也已经把主要部分写到谱表上。

莫扎特没有想到，这位神秘的主顾之所以隐瞒身份，原来是企图自己拥有这件作品。他是一个很出色的钢琴家

↑ 歌剧《魔笛》的首映海报

↑ 莫扎特的《魔笛》舞台布景

叫瓦瑟格伯爵并不善于作曲，于是他以较优厚的报酬，让那些有才华但又穷困潦倒的作曲家为自己作曲。

已经是 1791 年的秋季了，莫扎特带着一股狂热的拼命干劲在创作《安魂曲》。莫扎特处于过度劳累的状态中，他突然病重，全身浮肿，四肢疼痛。他想到了死亡，于是便把未完成的《安魂曲》交付给学生苏斯迈尔。

悲剧就在于莫扎特还没有写完《安魂曲》，他的健康迅速恶化，《安魂曲》此时的乐章催人泪下，旋律极其优美婉转，感人至深。

1791 年 12 月 5 日，莫扎特悲惨地离开了这个世界，这时距离他 36 岁生日还不到两个月。那一天，天下着大雨，病中的妻子爬不起来，只有少数人在暴风雨中将他的棺木送到贫民墓地，没有任何标志的墓地，连他的妻子都没有找到。

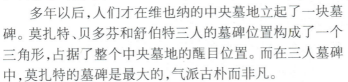

▲ 莫扎特最后的日子

多年以后，人们才在维也纳的中央墓地立起了一块墓碑。莫扎特、贝多芬和舒伯特三人的墓碑位置构成了一个三角形，占据了整个中央墓地的醒目位置。而在三人墓碑中，莫扎特的墓碑是最大的，气派古朴而非凡。

莫扎特只活了 35 个年头就离开了这个世界，但他留给后人更多的是梦幻般的美好、憧憬和抚慰。今天，从他笔下流出的每一段音符都已成为了音乐史上的经典之作。无论是协奏曲、小夜曲、奏鸣曲、交响曲，还是喜歌剧、正歌剧、宗教音乐，每一种体裁莫扎特都能创造出登峰造极的作品，而在每一首作品中，又都萦绕着一种明亮的东西，这种明亮能使人类浮躁的心灵安静下来，能使世上所有的对立都烟消云散……很难想象，假如上帝赐给人类的是一个长寿的莫扎特，那他又将会创造出怎样的音乐奇迹。还是让我们记住柴科夫斯基曾说过的那句话吧："莫扎特，他是音乐的基督。"

▲ 莫扎特的《安魂曲》

大事年表

1756 年	1 月 27 日，出生于奥地利的山城萨尔兹堡。
1761 年	创作第一支乐曲《小步舞曲》。
1762 年	随父开始作音乐之旅。先后到慕尼黑、维也纳。
1770 年	随父作首次意大利之旅。在罗马西斯廷教堂听《求主怜悯歌》，默记谱子。教皇授与他金马刺勋章。
1775 年	作小提琴协奏曲 5 首。
1778 年	母亲因病在巴黎去世。
1781 年	作德语歌剧《后宫诱逃》。
1782 年	与康斯坦兹结婚，定居维也纳。作 6 首弦乐四重奏（K.387，K.421，K.428，K.458，K.464，K.465）献给海顿。
1786 年	作歌剧《费加罗的婚礼》并演出。作钢琴协奏曲 3 首。
1787 年	访布拉格。上演新作《唐璜》。
1788 年	作 3 部交响曲（K.543，K.550，K.551）。
1789 年	访普鲁士。奉奥皇之命作歌剧《女人心》。
1790 年	《女人心》演出。作钢琴协奏曲《加冕》（K.537）。
1791 年	作德语歌剧《魔笛》以及《安魂曲》。12 月 5 日病逝。

贝多芬

在波澜壮阔、峰峦重叠的世界音乐史上，有一个最闪亮的名字，他是令人仰止的高山，是德国音乐的灵魂，是人类激情与力量的化身……这就是路德维希·凡·贝多芬。他不但将古典主义音乐推向了极致，更开辟了浪漫主义音乐的先河。他使音乐从上流社会走向人民大众，把英雄和平民带进音乐，他用音乐倾诉他对大自然、对人民的热爱。《命运》、《月光》、《第九交响曲》等杰出的作品从他笔尖喷涌而出。那音乐如此惊世骇俗，如此博大精深，让生命的伟大意义超越个体，穿越时空，臻于无限。

贝多芬的音乐是伟大的，它"使人类的精神爆发出火花"。

青少年时代

18 世纪的德国小城波恩，并不像今天这样宁静而美丽，但却仍然掩盖不住人们对音乐的热爱，他们的秉性中含有的这种能歌善奏的天赋与热情仿佛是与生俱来的。音乐的优雅氛围弥补了环境所带来的缺憾，它使波恩笼罩在一片美好的光彩之中。

就在这座以音符与旋律筑造的城市中，生活着一大批优秀的音乐家，其中便包括贝多芬一家。在贝多芬的眼中，波恩永远是美丽的。

贝多芬的祖父老路德维希·凡·贝多芬不仅是一位音乐造诣精深的风琴家，同时也是一位出色的男低音歌唱家。他在科隆宫廷的乐队中任职，并在教堂和歌剧院中主唱男低音。贝多芬的父亲约翰是老路德维希的第三个孩子，从 12 岁起便在皇家教堂中担任歌手，也曾替代父亲任宫廷乐师，但他是一位平庸的演奏者；另一方面，他还是个性格乖戾的酒徒，酗酒的恶习伴随他一生的主旋律将是庸碌无为的生活。

1770 年 12 月 16 日，约翰的儿子——贝多芬降生在莱茵河大桥脚下波恩小巷内一幢简朴、恬静的小屋里。在同一条街上，还住着贝多芬的祖父老路德维希，圆号演奏家西姆罗克，小提琴家里斯以及沙罗蒙一家。贝多芬就在这样音乐的氛围中降生，也在音乐的氛围中成长起来。

对贝多芬来说，他的童年更多的是困苦。贝多芬的音乐天分在三四岁时便已显露出来，于是，父亲便开始亲自教贝多芬弹奏羽管钢琴。然而，跟随父亲学琴的童年时光对贝多芬来说非常残酷。因为父亲常常粗暴地呵斥他，打他耳光，甚至将他推下阴暗的地下室。父亲通常会在酒馆中狂饮到午夜，醉醺醺地回家后，便会粗暴地摇醒已经熟睡

这所位于波恩小巷 20 号的楼舍是贝多芬的故居，就在顶层的一间阁楼里，伟大而又多难的贝多芬诞生了。

的贝多芬,让他坐到钢琴旁继续练琴。

1777年,7岁的贝多芬进入了一所拉丁小学开始接受正规教育。据他的同学们说,贝多芬因为"肮脏、粗心而惹人注目"。衣服破旧的贝多芬几乎从不专心听课,但是却对音乐情有独钟,这种热爱使他可以承受一切逆境。10岁时,贝多芬停止接受学校的教育,他全身心投入到音乐创作中去。

贝多芬的少年时期,有多位音乐教师曾经为贝多芬教授音乐,如此频繁地更换教师的原因,当然缘于父亲对儿子所抱的高度期望。

1781年,11岁的贝多芬和母亲玛丽亚前往荷兰鹿特丹旅行。归来之后,贝多芬遇上了一位使他毕生难忘的恩师——宫廷管风琴师克里斯蒂安·哥特利伯·涅夫。他是一位深受法国新兴资产阶级启蒙运动影响的音乐家。他教给了贝多芬许多宫廷中无法学到的东西,他让贝多芬从陈腐的教育桎梏中解脱出来,自然而然地沉浸于音乐大师们所创造的经典作品当中。从此,贝多芬开始大量接触德国古典音乐之父巴赫以及卡尔·菲利普·艾曼努尔·巴赫(前者的儿子)的作品。此外,奥地利著名作曲家海顿的乐曲也令贝多芬深深陶醉。

1782年,12岁的贝多芬创作出了他的第一首作品《钢琴变奏曲》。这首钢琴变奏曲被刊登在《音乐杂志》上。

克里斯蒂安·哥特利伯·涅夫(1748—1798),在选帝侯宫廷担任管风琴手。他是一位深受法国新兴资产阶级启蒙运动影响的音乐家,他独具一格的教学方式让贝多芬受益匪浅。

1784年,新选帝侯马克西米利安·弗朗兹天性善良,他注重培养艺术人才与发展艺术事业。此举无疑使其统治下的城市被一种前所未有的浓重的艺术氛围所笼罩。

这时,13岁的贝多芬在老师涅夫的推荐下已经开始担任宫廷"管弦乐团的羽管键琴手"(没有薪水),以及责任重大的伴奏者。贝多芬非常有才干,常常在乐队指挥缺席时就由他顶替。虽然很穷,但他举止文雅,赢得了大家的好感。后来,贝多芬终于领到他一生中的第一笔年薪——150弗罗林(相当于今天1000美元)。这笔收入使生活已陷拮据的贝多芬一家看到了一丝希望。

世界大艺术家成功故事

在开明君主的统治下,莱茵河畔的这座小城——波恩很快便出现了一派艺术的繁荣景象。然而,贝多芬一家的境况却很糟,为了增加收入,贝多芬找了一份家庭音乐教师的工作。在贝多芬困苦、坎坷的一生当中,这段时光对他来说是温馨、难忘却又短暂。

1787 年,16 岁的贝多芬前往维也纳去证实自己的才能。这时的维也纳满城都在飘荡着音乐。在这里,艺术已经融化到人们的血液和精神里,艺术已经成为了整座城市的灵魂。可以说,维也纳已经无可争议地成为了欧洲的艺术中心。来到这里的贝多芬最渴望的一件事就是拜见古典音乐之王——莫扎特。

据说,在贝多芬抵达维也纳的第二天,他的这一梦想便得以实现。在听了贝多芬的优美乐曲后,莫扎特说:"注意这个年轻人,将来他会令全世界的人刮目相看。"

征服维也纳

贝多芬回到了家乡。1787 年 7 月 17 日,母亲因患肺结核去世了,这不但加重了贝多芬原有的气喘病,而且还使他患上了忧郁症。母亲去世后,贝多芬在波恩一个改组过的宫廷管弦乐团中演奏中提琴。

🔶 1789 年 7 月 14 日,巴黎市民攻占巴士底狱的情景。

这期间,一位很有才华的音乐家华德斯坦伯爵成为了贝多芬的朋友,也是贝多芬最重要的保护者。华德斯坦伯爵给予贝多芬一切支持,使贝多芬能够顺利地拓展心智视野。

1789 年,法国大革命的民主思想已经在整个欧洲传播开来。7 月 14 日,巴黎人民起义,攻占巴士底狱的消息传到了波恩这个动荡中的安全岛,这使年仅 19 岁的贝多芬兴奋不已。多年前,少年时代的贝多芬就曾经深受自由思想的影响，有不少个夜晚，他都在学校附近的一家小酒馆里倾听自由人士们发表慷慨激昂的诗词。

从那时起，贝多芬心中便深深埋下了一颗追求自由、平等与博爱的种子。而如今，"自由、平等、博爱"的崇高理想更是深深地吸引着年轻的贝多芬，并成为了贝多芬矢志不渝的信条。

1792 年年底，22 岁的贝多芬再一次踏上了去往维也纳的旅途，从此再也没有回到生他、养他的故乡。即便父亲去世，他也没有回去参加葬礼。

18 世纪末的维也纳，贵族们对各类艺术家们宠爱有加，他们慷慨地资助活跃在这里的音乐家们。约瑟夫·海顿是所有音乐家中的宠儿，他常以出色的交响曲和四重奏的创作深获贵族的推崇。

↑ 约瑟夫·海顿弦乐四重奏演奏

初到维也纳的贝多芬成为了海顿的学生。他将在这里从海顿手中接过已逝去的音乐大师莫扎特的灵魂，将用他出众的才华征服整个维也纳。

在贝多芬眼中，维也纳是奢华的，是狂热的。怎样才能使自己立足于如此一个令人眼花缭乱的都市呢，只有凭借音乐的力量，凭借自己丰富的艺术感情与出色的技艺。

海顿对这位学生也极为满意。他曾经将贝多芬的一些作品推荐给科隆选帝侯。

贝多芬在向海顿学习的同时，还向另外三位音乐家拜师学艺，他们是奥地利作曲家申克，奥地利作曲家、管风琴家、音乐理论家阿尔贝雷希·贝格尔以及意大利作曲家萨里埃利。

↑ 维也纳歌剧院

在贝多芬到达维也纳的最初 8 年时光里，他博取众家之长，学习适合自己艺术创造力的基本知识，同时，他始终坚持一生中的行为准则，保持着自己艺术创造上的独立性与独创性。

1795 年 3 月，"大音

乐家联盟"组织在维也纳的贝格剧院举行了一场义演，这次义演为贝多芬提供了第一次与维也纳公众见面的机会。在这次音乐会上，贝多芬演奏了自己创作的《降 B 大调钢琴协奏曲》。这首协奏曲早在波恩时便创作出来，以后不断修改，直到这次音乐会前夕才算完成。

钢琴协奏曲的第一乐章结构布局自由而有即兴意味，独奏声部和乐队的交织精密，所有这些都近似莫扎特的风格；第二乐章的音乐特点同海顿有些近似，是哲学式的凝神沉思，十分严峻，但又充满诚挚、温暖的感情；最后乐章则体现出无比欢乐的特点。

这首钢琴协奏曲在作者本人的演绎下散发出无比的魅力。钢琴旁的贝多芬时而情绪热烈，汹涌澎湃，时而又静谧安详，流畅如歌。在他的思维里，一切都互相连接，汹涌有如激流。贝多芬出色的演奏震撼了维也纳人的心灵，博得全场观众的一致赞扬。

这年年底，贝多芬又同老师海顿共同举办音乐会。渐渐地，年轻的贝多芬在维也纳的名声蒸蒸日上。短短数年中，这个来自于偏僻小城的穷困青年已经在音乐之都维也纳取得了较高的声誉和地位。

《英雄交响曲》

1796 年年初，26 岁的贝多芬已经名声显赫，经济富足，并有了一定的社会地位。此后，贝多芬的音乐道路也愈来愈宽广。

2 月，贝多芬选择了在布拉格、德累斯顿、莱比锡与柏林等几座城市进行音乐会演出。在布拉格——一个音乐品位极高的城市，贝多芬以优美的《A大调钢琴奏鸣曲》赢得了倾听者的心，而以莫扎特的歌剧《仁慈的狄托》中的一段音乐为主题的即兴演奏，将贝多芬在即兴演奏方面的天赋展现得淋漓尽致，更让

贝多芬的《A大调钢琴奏鸣曲》手稿草图。

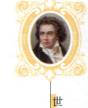

布拉格人如痴如醉。

布拉格的演出大获成功，在德累斯顿与莱比锡等地，贝多芬也得到了同样热烈的掌声，凡是听过他演奏的人，都被他的魅力所吸引。在普鲁士的都城柏林，贝多芬多次为普鲁士国王弗里德里希·威廉二世演奏了大提琴协奏的《大奏鸣曲》。

18世纪行将结束的几年中，贝多芬创作出大量优美动听的音乐作品，包括10首钢琴奏鸣曲，5首钢琴与小提琴奏鸣曲，8首三重奏，6首四重奏，2首钢琴协奏曲，1首七重奏以及1首小夜曲。就在这个时期，贝多芬开始出现听觉障碍。

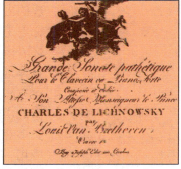

🔊《悲怆奏鸣曲》的初版扉页。

1797年至1798年，在贝多芬笔下，一首凝聚着伟大乐思的钢琴奏鸣曲《悲怆》诞生了。这首充满才华与内涵的c小调钢琴奏鸣曲表现出的是悲哀、沉重与阴暗，贝多芬正在日益走向成熟。

在贝多芬的32首钢琴奏鸣曲中，最具里程碑意义的是第23首《热情》。这首乐曲中那诗境般的美丽，慢乐章的宁静、优雅以及暴风雨般的巨大震慑力和震撼力，都是贝多芬英雄主义思想的体现。在过去，它激励着人们，鼓舞着人们的斗志；即使现在，也令人倍感亲切。

1800年，一抹新的曙光照耀着维也纳的每一寸土地，多瑙河快乐地流淌着，微风轻轻掠过每一片树叶，人们沉浸在跨入新世纪的喜悦当中。

现在，已经30岁的贝多芬——一位未来的征服者，伟大的演奏家，沙龙中的雄狮，依然享受着不凡的才华所带来的一切荣耀。

这一年，贝多芬被邀请为一部新的"英雄和寓言性的舞剧"《普罗米修斯的造物》谱写音乐，他感到十分高兴。因为在这之前，他还没有为戏剧舞台写过作品。贝多芬的丰富想象力将拿破仑·波拿巴与希腊半神半人的普罗米修斯联系在了一起。

早在1798年，当法兰西共和国在维也纳设置使馆后，贝多芬便结识了法国大使伯纳多特将军和同来的小提琴家兼作曲家克鲁采。通过交往，贝多芬不但在思想上了解了法国革命，而且还具体熟悉了法国大革命中的群众歌曲

世界大艺术家成功故事

和进行曲的革命音调,所以这时,贝多芬头脑里充溢的不仅是民主,而且是革命的精神。

无论拿破仑和普罗米修斯的联系是否贝多芬的首创,其结果是不言而喻的,一部最伟大的交响曲——《英雄交响曲》即将诞生。

1804 年,这部划时代的作品完成了。乐曲共分四个乐章,第一乐章规模宏伟壮观,表现出斗争的热潮、火山爆发般的力量与冲破一切障碍的胆怯;第二乐章,作曲家本人称它为"葬礼进行曲",表现英雄死后,人们抬着他的棺椁,怀着悼念的心情缓步前进;第三乐章是一首谐谑曲,它精致异常,时而光亮,时而幽暗,旋律起初较为轻微,逐渐变得充满力量与朝气,最后发展为一种愉快的激昂和富于色彩的声响;最终乐章好像是为了象征英雄精神的创造力,贝多芬将曾创作过的《普罗米修斯的造物》中的主题加以应用。在整部乐曲即将结束之际,听众会感到一个伟大瞬间的到来。贝多芬以充满强烈生命力的音响,用英雄的胜利和凯旋作为整部交响曲的结束。在这部作品中,贝多芬第一次表现出无比惊人的创造力,第一次用全新的风格,全面而广泛地体现出他的英雄性构思——革命斗争和胜利的形象。

据说,《英雄》的创作原为伯纳多特将军所提议。当贝多芬完成这部交响曲时,他在总谱的扉页上认真地写下了"题献给拿破仑·波拿巴"的字样。因为贝多芬深信拿破仑会建立一个乌托邦式的新世界。

然而,作品完成之后,却突然传来了拿破仑称帝,并扩大对欧洲侵略的消息。贝多芬愤怒了,一气之下,他将原来题献的字迹涂掉,改成了这样一个标题:"为纪念一位伟大的人物而写的英雄交响曲。"

近 200 年来,贝多芬的《英雄交响曲》被无数的天才指挥家和乐队进行过

坐在皇位上的拿破仑。拿破仑本来是贝多芬眼中的英雄,但后来他却把皇冠戴在了自己头上,并且大肆入侵欧洲,这使得贝多芬很厌恶。

演绎与诠释,它感动过无数的听众,可以说仅一部《英雄交响曲》,便足以令贝多芬流芳百世。

1800 年到 1802 年间,贝多芬却面临了一场暴风雨般的灾难——失聪。20 多岁时,贝多芬就患上了耳疾。他无法忍受听不到声音的生活,他甚至想到结束生命。但是,最终这莫大的创痛成为贝多芬命运的转折点,成为了他最后 25 年生命中不断创造出巨大恢宏作品的动力。

耳疾使他远离了世俗的声音,但是却使他更加清楚地听到了自己内心的呼叫。或者说,黑夜的临近,更加激发了他创作的狂热。在贝多芬此后的岁月里,那种创作的灵感随时从他脑海中奔涌而出。

走向希望

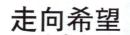

1802 年 11 月,贝多芬回到了维也纳,他像往常一样,依然穿梭于音乐与朋友之中。贝多芬好像经历了一场巨大的考验,这场考验令他的灵魂更加浩瀚、雄浑。

在这样一种对生命有了一番全新认识的状态下,贝多芬的 D 大调第二交响曲诞生了。这部乐曲算不上一首英雄性的作品,即使如此,它还是被称为"英雄的谎言",因为,贝多芬自己经历着极其痛苦的生活,他仍然写出那样优美、机智、情感充溢的乐章。贝多芬已经从绝望走向了希望。

⬇ 1803 年的贝多芬画像

这首交响曲首演为 1803 年的 4 月 5 日,地点在维也纳剧院。那次音乐会的节目非常丰富,有 3 首贝多芬首次公演的乐曲:《c 小调钢琴协奏曲》(贝多芬任独奏),清唱剧《基督在橄榄山上》以及新创作的《第二交响曲》。

音乐会结束后,贝多芬获得了他坚信可获得的巨大成功。是伟大的音乐艺术挽留了他!是神圣的使命感将他从死亡的边缘拽了回来!一座座灿烂的音乐丰碑等待着他来建造!

1802 年,贝多芬创作《月光奏鸣曲》。这首升 c 小调钢琴奏鸣曲诞生之初并没有标题,由

⬆ 贝多芬为朱丽埃塔·圭恰迪妮弹奏《月光奏鸣曲》。

于德国诗人路德维希·雷尔斯达尔将此曲的第一乐章比作"犹如在瑞士卢塞恩湖月光闪烁的湖面上摇荡的小舟一般",于是,便有了《月光奏鸣曲》的名字。

1806 年,贝多芬创作了他此生唯一一首小提琴协奏曲。被公认为所有小提琴协奏曲中最为优秀的作品,是贝多芬专为自己青年时代的朋友——当时维也纳剧院的第一小提琴手斯蒂芬·封·克莱门特所写的。

1806 年 12 月,克莱门特在一场义演中向观众展示了这首将柔美、强力、高贵融为一体的音乐作品。协奏曲的第一乐章弥漫着安详的情绪,整部主题一直在奇妙的宁静中曲折地游动。第二乐章中,小提琴进行着一系列美妙的变奏,临近结束时,华彩乐段引领着音乐进入了末乐章。第三乐章是一首轻松而又辉煌的回旋曲,最后,整首协奏曲在又一个精彩的华彩乐段之后,欢快地宣告结束。

同年,贝多芬还创作了 G 大调第四钢琴协奏曲。贝多芬的协奏曲创作基本上遵循着莫扎特的发展道路,但他的协奏曲气势更宏伟,主题形象更加丰富。这种更接近于交响曲、独树一帜的音乐风格体现出贝多芬鲜明的个性魅力。

1807 年,贝多芬为莎士比亚的戏剧《科里奥兰》写了一首序曲。这首序曲充分表达出英雄心中的犹疑不决,内心的矛盾以及荣誉的崩溃和不以苦乐为意的自我毁灭所获得的胜利。在贝多芬笔下,一个古老的传说重新具有了现实的意义。

主人公科里奥兰性格傲慢、热情,意志坚定,也颇具贝多芬性格的特点。当时的作曲家兼评论家弗里德里希·赖夏特认为,贝多芬所创作的这部序曲,与其说描绘了科里奥兰,不如说是一幅贝多芬本人的自画像。

不论作为征服者或被征服者,贝多芬总是孤独的。从幼年开始，在家乡，在维也纳，在喧闹的街市或者是贵族云集的沙龙里，他一直以一种特殊的力量使自己跟别人隔离。贝多芬最喜欢在维也纳近郊的乡村作长时间的散步。对于身边那熟悉的田野和森林，对于那映在水面的阳光和从湿润的青草中散发出的阵阵清香，他都感到如此亲切。

于是，1807年夏季贝多芬开始创作《田园交响曲》，到第二年的6月便完成了。

《田园》突破了以往交响曲由四乐章构成的常规，是由五个乐章组成。第一乐章标题为《到达乡村时的喜悦心情》。第一小提琴奏出了一支淳朴的民歌风格的乐句，将听众们带进了美丽的乡村，你似乎能感受到芬芳的晨风、成群的鸟儿、飘浮的云朵……第二乐章标题为《溪边小景》。这里充满了流水潺潺的声响，昆虫的唧唧叫声和夜莺与杜鹃的鸣声。第三乐章标题为《乡人的欢聚》。贝多芬引用了一些从乡村乐师那里听到过的旋律表现出一

场乡民们欢舞的场面。然而正当舞蹈场面愈来愈热烈时，突然，从远处传来了雷鸣声，人们纷纷散去。这时，第四乐章《暴风雨》接踵而至。乌云飞快地越过阴暗的天空，狂风在咆哮，炫目的闪电在天空肆虐，然后是倾盆大雨。但是这场暴风雨并没持续太久，很快就过去了。大地又恢复了宁静，呈现出一片清新，牧笛的温柔曲调又传开了，现在已经进入了末乐章《牧人之歌》。贝多芬用一曲感恩歌来表达对上苍、对大自然、对太阳的感谢，感谢宇宙间一切仁爱的力量。

⬆ 贝多芬在溪边构思《田园》

创作出《田园》的贝多芬，可以说是一位真正站在大地上的贝多芬。他聆听大地的各种音响，并将它们升华为最美好、神圣的音乐，虽然在《田园》的创作期间，贝多芬无时不在经历着痛苦（失聪），但是在他的内心里，又无时不响起自然之声。

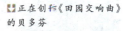
正在创作《田园交响曲》的贝多芬

世界大艺术家成功故事

《菲岱里奥》序曲

早在 1805 年，即在创作《第四交响曲》之前，贝多芬就已经开始酝酿《第五交响曲》(命运)的构思，但是这部作品直到 1808 年才最后完稿。如果我们将《第四交响曲》看做是在平静的日子、恋爱的心境中生发的情绪的表达，那么《第五交响曲》(命运)则有可能引领我们领略一个更为深邃、广阔无垠的心灵世界。

贝多芬的《第五交响曲》(命运)揭示了在生活中遇到的失败和胜利，痛苦和欢乐，说明生活的道路是难艰曲折和布满荆棘的。然而，作者也用自己的方式告诉世人，英雄会扯断束缚着他的锁链，点燃自由的火炬，朝着欢乐和幸福的目标胜利前进，一个梦想国度即将来临。

《第五交响曲》(命运)共有四个乐章。

第一乐章的开始是由四个音构成的庄严有力的音型，这也是古今交响曲中最短小但却最著名的主题。它不断地加以反复，然而却一次比一次更为坚决。

贝多芬于 1804 年的画像，这一年他《第五交响曲》开始创作。

第二乐章由中提琴和大提琴交替唱出了一支平静、柔和的抒情旋律，这旋律渐渐被作者处理得自由而富于幻想，它体现了人的感情体验和身旁的复杂世界。

第三乐章是一首别出心裁的诙谐曲，这里的主题时而急遽，时而犹豫，时而冲动，时而又顺从，仿佛是一个人内心不平静的情感表现。然而，就在这种不安达到令人难以忍受的时刻，音乐突然昂首阔步地转向了宏伟而英勇的末乐章。

末乐章的全部主题都具有进行曲和舞曲的形貌，它们在激动人心、强烈而辉煌的 C 大调中宣告结束。这里的辉煌无疑向人们表明：黑暗被彻底打败，光明和胜利是不可抗拒的。

恩格斯曾经给予这部交响曲极高的

评价，他曾这样说："要是你还没有听过这部壮丽的作品的话，那你这一生可以说是什么音乐也没听过。"罗曼·罗兰更深刻地指出，乐曲中那战胜命运的胜利是一种"心灵的凯旋"。的确，这样的作品在 1808 年以前，任何人也不曾听过，它不但开启了千百万听众的丰富的想象力，同时，它也使人们窥见了新纪元的浪漫主义火花以及鼓舞人心的英雄主义。

如果说，《英雄》是贝多芬交响乐创作的一座丰碑，那么，《第五交响曲》（命运）无疑是交响群山中的又一个巅峰。他的音乐如此惊世骇俗，如此博大精深，让生命的伟大意义超越个体，穿越时空，而臻于无限。

1805 年到 1814 年，贝多芬为他的第一部也是唯一一部歌剧创作了一系列序曲。其中，以 1814 年创作的第四首，即我们称之为《菲岱里奥》序曲诞生，成为了今天音乐会上最常用的一首。

在贝多芬之前，格鲁克与莫扎特已经在歌剧与序曲间搭建起一座"桥梁"，然而，真正将戏剧的性格、发展路线归纳起来，使序曲构成交响乐式的作品，却是从贝多芬开始。这一影响延续到了韦伯、舒曼、瓦格纳和李斯特等人。可以说，贝多芬这一系列序曲的创作，在歌剧史上占据的重要地位丝毫不亚于《第五交响曲》（命运）。

🔺1814 年《菲岱里奥》歌剧海报

🔺歌剧《菲岱里奥》的场景插图。歌剧《菲岱里奥》的大致内容是贵族唐·弗罗雷斯坦含冤入狱，而且他的政敌企图置他于死地。弗罗雷斯坦的妻子列奥诺拉为营救丈夫，女扮男装并化名"菲岱里奥"潜入监狱时刻保护丈夫，最终使丈夫幸免于难，并且得以平反昭雪。

世界大艺术家成功故事

贝多芬 Beethoven

家 庭

贝多芬一生到底倾慕过多少女性，已经无从得知。但是我们却知道从少年时起，直到接近最后的岁月，贝多芬心中那爱情的火焰却从未停止过燃烧。在他的性格中，他对爱情的真挚同他对权贵的傲岸和对命运的抗争一样，最鲜明地显示出他伟大的人格。

1806年5月，贝多芬与美丽迷人的特丽斯订婚了，就在这一年，他创作出充满着幸福情韵的《第四交响曲》。这部乐曲犹如一朵精致的花朵，蕴涵着他一生中较平静的岁月中的香味。然而，这份婚约后来却被取消了，但对贝多芬来说，这场爱情经历有如天国的阳光，神圣而又永恒。

贝多芬画像

1816年，年已46岁的贝多芬这样说："每当我想到她时，我的心仍和初次见到她时跳得一样剧烈。"这一年，贝多芬创作出了一部声乐套曲《致远方的爱人》。这部套曲是贝多芬根据阿洛依斯·耶特莱斯的6首诗谱写的。诗的意境极为优美——描写了清幽的山林和溪谷、飘忽变幻的流云和晨雾，还有落日余晖、湛蓝的湖水……然而，诗中又充满了感伤，山峦和幽谷使作者与爱人天各一方，作者只能让溪水捎去离别之苦与思念之情。应

该说,贝多芬音乐中那震撼世界的力量来自对情爱和淳美境界最强烈的体验和最深刻的理解。

贝多芬的一生,除了深受耳聋的折磨,困扰他的还有家人带来的烦恼。1815 年 11 月 16 日,贝多芬的弟弟卡斯巴·安东·卡尔去世了。他死前立遗嘱,让贝多芬与自己的妻子做独生子卡尔的共同监护人。弟弟卡尔去世后,贝多芬便请求奥皇承认他的完全监护权。

贝多芬对侄子卡尔视如己出,他要让卡尔接受良好的教育与善良的指导。他对卡尔的母亲约翰娜非常厌恶,认为她轻佻、淫荡,所以他禁止让孩子与自己的母亲接触。约翰娜正式请求法院免除贝多芬的监护权,理由是孩子不能得到应有的照顾,因为他的伯伯脾气古怪,又聋又病。

1816 年 2 月 20 日,法院判决贝多芬胜诉。可是约翰娜并没有放弃斗争。1818 年秋天,她在自己的叔叔、宫廷秘书霍切瓦尔的指点下,再次提出起诉,这次的理由是贝多芬名字中的"芬"字并非属于贵族头衔。

由于贝多芬无法向法庭提供自己属于贵族阶层的证明,所以直到一年后,维也纳市参议院终于作出了以下决定:由一位名叫图舍的人监护卡尔。这种做法既帮助约翰娜得到了母权,也使贝多芬不失体面。

1818 年年底,任性的卡尔从伯伯那里逃走。因为贝多芬虽然很爱侄子,但他没有耐心,他常常严厉地处罚卡尔,以至于卡尔疏远了他。1826 年,出于精神压力,也因负债累累,卡尔企图自杀,虽然被及早发现了,但这足以令衰弱的贝多芬陷入了万分惊恐之中。从此,他不再干涉卡尔的生活。

卡尔于 1858 年去世。1917年,卡尔的孙子在一次意外中死于维也纳。从此,贝多芬一家再也后继无人了。

1820 年的贝多芬,此时他已全聋

永远的贝多芬

⬆ 弗里德里希·席勒,德国18世纪著名诗人、哲学家、历史学家和剧作家。

贝多芬一生中从没有间断过阅读席勒的作品,其中尤以《欢乐颂》给他的印象最深。因为在青年时代,他们都感受到法国大革命的冲击,那时的革命浪潮正冲破边境而进入德国与奥地利。贝多芬还只有22岁时,就曾萌发用音乐来体现席勒这首颂歌思想的想法。可当他计划把这篇颂诗用在一首有合唱的序曲中时,他已经42岁了!被保存下来的最早的《第九交响曲》手稿写于1817年,完成于7年之后。1824年2月,贝多芬为它作了最后的润色。

1824年5月7日,《第九交响曲》首次在维也纳上演。这是一部气势恢宏、记叙人类与束缚在人类自身内心深处的神性间无情的斗争的史诗。

"啊,朋友们,莫悲伤,让我们用欢乐的声音齐声歌唱!

欢迎,你是上帝的灵光,天堂的女郎!

女神啊,我走进你的神殿,欣喜若狂。

……

在你的羽翼下,所有的人都将成为兄弟。

愿富有者帮助他的朋友,

愿贵妇人的夫婿和我们齐声欢唱,

就如同全世界的人都在你的心上一样!

……

拥抱吧,千百万人民!

拥抱吧,千百万人民!

吻这整个世界。

……

⬇ 1827年3月28日,即贝多芬去世后的第三天,画家丹泽豪画了这幅油画速写,内容是贝多芬的双手。

《第九交响曲》凝聚着音乐家毕生的心血,当此曲上演时,贝多芬的耳朵已聋得无法担任指挥。他坐在乐队中间,手里拿着总谱,试图跟随音乐的进行。但是他似乎找不到音乐进行的地方。演出获得了空前的成功,但耳疾却使这位伟大的作曲家听不到雷鸣般的掌声与欢呼。只有当女低音歌唱家温葛尔含着热泪跑上去握住他的手,扶他转过身来面向听众,他才看到了如此狂热的场面。在奥地利这个讲究礼仪的国度，即使是皇帝出场，按习惯也只享有三次鼓掌礼，可观众此刻对贝多芬却给予了五次鼓掌欢迎！为此，警察都不得不出面予以干涉制止。许多人激动得哭了起来……

《第九交响曲》被认为是超越了从前所有音乐，向人类想象力所能触及的最高领域翱翔的作品，是非凡而又宏伟的。需要记住的是，这部作品中的每一声呼唤，都是发自一个伟大而孤独的人物，他的生命，他的音乐，他的一切都奉献给了痛苦艰难的探索。在生活的挣扎中，不管激情的火焰烙下了多么不可愈合的创伤，他都从未丧失真正的善与悲天悯人的力量。

↑贝多芬 1823 肖像，此时的贝多芬已经不再年轻，而显老态。

晚年的贝多芬无时无刻不在痛苦中挣扎，他企图摆脱病痛，摆脱侄子对他的仇恨。但是，贝多芬的健康状况却越来越糟。终于在 1827 年 3 月 26 日，这位不屈的斗士在维也纳溘然长逝。

贝多芬弥留之际的一件轶事如今已成为贝多芬文献的一部分："3 月 26 日，维也纳的天空电闪雷鸣，仿佛整座城市在大放悲声。一声惊雷震响在贝多芬临终的屋内。这位永远的叛逆者衰弱地举起不屈服的拳头，接着他向后倒下，死去了。"

贝多芬死时身边没有一位亲人，但是在 3 月 29 日下葬时，却有 2 万多名群众护送他的棺柩。人群中有许多人并不懂音乐，但他们却知道，贝多芬是位英雄，他是音乐的化身与象征。

↓1827 年 3 月 29 日贝多芬在维也纳的葬礼

如爱因斯坦一样，贝多芬是一个现代人，他不受任何正统宗教派别的限制。但他也像其他伟人一样，承认自己的心灵和头脑、自己的精神和感情。作为一名作曲家，他在每一个新的世纪都会像在这个世纪一样重要。他是说不尽的，永远的贝多芬！

无疑，贝多芬连同他的音乐是属于全人类的。

大 事 年 表

1770 年	12 月 16 日,降生在德国波恩。
1777 年	入拉丁小学接受正规教育。
1780 年	辍学,从而投入音乐创作中。
1781 年	跟随音乐家涅夫学习,担任科隆宫廷管弦乐团的羽管键琴手。
1782 年	创作出第一首《钢琴变奏曲》。
1787 年	前往维也纳。拜见古典音乐大师莫扎特。母亲去世。
1795 年	在维也纳的贝格剧院举办了一场"大音乐家联盟",演奏《降 B 大调钢琴协奏曲》。
1796 年	在布拉格、德累斯顿、莱比锡、柏林等地进行巡回演出。
1797—1798 年	创作钢琴奏鸣曲《悲怆》。
1800 年	创作芭蕾舞剧音乐《普罗米修斯的造物》。
1802 年	11 月,写出《第二交响曲》。
1804 年	完成《英雄交响曲》。
1806 年	与特丽斯订婚,创作出《第四交响曲》。
1808 年	完成《第五交响曲》(命运)、《田园交响曲》,以及《科里奥兰》序曲。
1817 年	开始创作《第九交响曲》。
1824 年	2 月,《第九交响曲》完成。
	5 月 7 日,《第九交响曲》第一次在维也纳上演。
1827 年	3 月 26 日,在维也纳逝世。
	3 月 29 日,在万名群众护送下,他的棺柩被安葬。

舒伯特

舒伯特是一位有着浪漫主义诗人气质的作曲家，忧郁时会写出情绪高昂的音乐，轻松时也会写出感伤的作品。这些作品充满了浪漫主义的渴望与内心冲突，优美的旋律流淌出舒伯特式的梦幻般的感情世界。

尽管舒伯特的一生是悲剧性的，没有家，没有钱，无望获得爱的回报，只在朋友的小圈子里品尝成功的喜悦，然而出人意料的是，他却把他一生中从未经历过的奇遇、远游、爱情……都化作了音乐。他那过早消逝的青春给人间留下了动人的音乐，带着他的憧憬、渴望与幻想，永远歌唱着青春的美丽。

"上帝的得意门生"

▲ 舒伯特的父亲弗朗茨·西奥多尔

光彩焕发的维也纳，不知有多少伟大的音乐巨匠生活在这片音乐的沃土上！也不知有过多少人曾来到这里聆听快乐和感伤交织的美妙旋律。它是音乐家的摇篮，是音乐的源泉。

1797年1月31日，在维也纳近郊小镇汉普夫一个普通的家庭里，出生了一个名叫弗朗茨·舒伯特的孩子。他的出生恰好赶上席卷全欧的法国大革命方兴未艾的时期，奥地利与革命中的法国一起卷入战火之中。但维也纳似乎没有受到太大的干扰，它看上去就像是动荡中的一个安全岛。

舒伯特的父亲弗朗茨·西奥多尔是一位中学教师，略通音乐；母亲伊丽莎白则是一位锁匠的女儿。此后的十几年里，他们相继迎来了13个孩子，但最终只有4个孩子得以存活。

他们的父亲西奥多尔多才多艺。当舒伯特8岁时，父亲就开始教他拉小提琴，比他大12岁的哥哥则充当了他的第一位钢琴教师。而每当父亲的朋友到家中聚会时，音乐自然成为聚会中必不可少的一道"精神美餐"。舒伯特的童年就在那些优美的乐曲旋律中度过，父亲和兄长成为了舒伯特兄妹的音乐启蒙老师。琴声调剂着舒伯特一家枯燥乏味的生活，也培养了舒伯特对音乐之美的特殊感悟。

父亲西奥多尔看到年幼的舒伯特不凡的音乐才华，于是，他决定送舒伯特到当地教堂的合唱指挥那里去学习正规的音乐教育和音乐理论。舒伯特的老师是当地合唱团的指挥米切尔·霍塞尔。每当霍塞尔想给舒伯特讲授一些新的音乐知识时，却发现他早已知道了。显然，舒伯特的才华已明显超过了老师。

1805年，拿破仑率领的法国军队逼近了维也纳，一向优美宁静的维也纳成了一个大战场，炮弹呼啸着划过夜空。年幼的舒伯特目睹了法军炮轰维也纳的情景，这情景深深地刻在了舒伯特的脑海里。不久，战争结束了，维也纳又恢复了往昔的

▲ 舒伯特在维也纳的故居

平静,但随处可见的废墟却使人们无法忘记那可怕的一幕。

1808年对舒伯特来说是重要的一年,当时维也纳最高教育机构皇家神学院(今日维也纳儿童合唱团的前身)唱诗班招收两名学员。于是父亲决定让年仅11岁的舒伯特去试一试。舒伯特凭借出色的表现轻松地通过了所有的考试,他得到了一个穷家子弟想要得到的机遇——担任皇家乐队的童声演员。当时赫赫有名的人物、主考官之一的教堂音乐总监安东尼奥·萨里埃利对舒伯特的天分大为赞许。萨里埃利在当时维也纳的音乐界声名显赫,受到他的赞许,显然是一份不小的荣耀。

此后的日子,舒伯特全心投入到自己热爱的音乐当中。他开始进入神学院附属的小学读书。

读书期间,音乐无疑是舒伯特艰苦寄宿生活的最好调味剂,他把忧伤和寂寞都变成了快乐的音符。更重要的是,神学院的环境和许多音乐作品大大地拓展了舒伯特的艺术视野。他积极参加学生乐队,担任了管弦乐队的第一小提琴手,同时由于表现出色,他还担任起乐队指挥。从那时起,舒伯特开始大量接触海顿、莫扎特、贝多芬等人的交响曲,并从这些作品中汲取营养。

在舒伯特的钢琴及风琴老师温泽尔·鲁兹克的眼中,这个圆脸、矮个的"乖"男孩,过早地显示出远远超出其年龄的音乐天分。鲁兹克总是以"上帝的得意门生"来称赞舒伯特。

神学院优雅而宁静的环境为舒伯特营造了理想的音乐氛围,这不仅使他完全沉浸于音乐之中,还使他表现出超出其年龄的早慧。这种早慧也使他厌恶当时流行的凡俗之作,而热衷于约瑟夫·海顿和莫扎特的作品。

此时的舒伯特开始写一些器乐曲和歌曲。他还尝试着捕捉住那些飘荡在脑海中的音符,并将它们变成文字写下来。

在学生乐队的一次排练,使舒伯特结识了当时在神学院学习法律的约瑟夫·斯包恩。虽然斯包恩比舒伯特年长11岁,但他却成为了舒伯特一生中最忠诚、无私和热情的知己。

约瑟夫·斯包恩虽然比舒伯特年长11岁,但却成为舒伯特"最久、最忠实的朋友"。

世界大艺术家成功故事

音乐中的多产少年

　　小舒伯特终日沉迷于创作谱曲,除了音乐之外的其他学科自然受到影响。他在拉丁文、数学、历史等方面的学习成绩直线下降,父亲因此极力反对儿子学习音乐。

　　1809 年,拿破仑的军队再次入侵维也纳,战争的阴云笼罩着这座平日快乐、安宁的小城,也严重地影响了人们的生活。12 岁的舒伯特这时已深深体会到贫穷带来的烦恼。因为穷,爱他的父亲反对他搞音乐;因为穷,他买不起乐谱纸。虽然舒伯特无法改变现状,但他仍不愿放弃自己的追求,还是坚持创作了大量的音乐作品。

　　舒伯特学生时代的作品大多为一些室内乐作品。1810 年 3 月至 4 月,舒伯特为钢琴二重奏创作了一部《狂想曲》。这部作品的诞生意味着舒伯特已经掌握了成为一个真正作曲家所应拥有的一切技巧。那一年他才 13 岁。

　　1811 年,舒伯特创作了歌曲《夏甲的哀诉》。这是舒伯特现存最早的一首歌曲,风格类似民谣,倾吐了一位母亲面对垂死孩子的悲痛。这首歌的歌词为舒伯特极为推崇的杰出诗人约翰·琼斯泰格所作。舒伯特早年对歌曲的喜爱,也源于对这位诗人的崇拜。

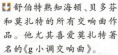

舒伯特熟知海顿、贝多芬和莫扎特的所有交响曲作品。他尤其喜爱莫扎特著名的《g 小调交响曲》。

　　1812 年是少年舒伯特多产的一年,在继《夏甲的哀诉》之后,舒伯特又创作出三幕轻歌剧、《镜中骑士》的草稿、钢琴与管弦乐的序曲、小步舞曲、2 首弦乐四重奏,以及 1823 年才公诸于世的《b 小调三重奏》等。这些作品虽有模仿名家之作的痕迹,但却没有刻意雕琢之意,对一个 14 岁的少年来说,这无疑是一些大胆而成熟的作品。就在这一年,斑疹伤寒夺走了母亲的生命,这时舒伯特只有 15 岁。

也就在这时, 舒伯特在神学院的生活也发生了极大的改变。舒伯特的音乐创作引起了萨里埃利的关注, 这位意大利风格的大师非常喜欢舒伯特创作的《夏甲的哀诉》, 他决定收舒伯特为徒, 于是舒伯特开始跟随萨里埃利学习对位法。这是一个不寻常的荣誉, 因为萨里埃利从未亲自教授过神学院的其他学生。

实际上, 萨里埃利很少给舒伯特讲课, 所谓的亲自指导也仅仅是指正而已, 他在舒伯特对位的作业上修改的只是些微不足道的小毛病。萨里埃利最成功之处在于指导了舒伯特的读谱与视奏能力。在这期间, 舒伯特甚至视奏了德国歌剧大师克里斯多夫·威利巴尔德·格鲁克的全部乐曲, 他经常连续几小时地弹奏格鲁克的音乐给同学们听。

1813 年, 舒伯特的学习成绩一落千丈, 尤其数学更是一塌糊涂。而当时的奥匈帝国皇帝弗朗茨一世曾亲自签署了一份文件, 注明了歌唱和音乐只是次要学科, 获取奖学金的考核标准应首先重视主要学科。这对于靠获得奖学金支付学费的舒伯特来说, 他必须全力以赴达到特优的课业成绩, 否则就不能继续学业了。

🎵 德国歌剧大师克里斯多夫·威利巴尔德·格鲁克

1813 年 11 月底, 舒伯特的成绩已下降到了无法挽回的地步, 他被迫离开神学院回到了家中。

就在舒伯特离开学校的那一年, 他写出了自己的第一部交响曲——《D 大调第一交响曲》。作品虽然深受海顿和莫扎特的影响, 带有 18 世纪音乐文化的明显印记, 但作品的内容却着重抒发了浪漫主义的个人内心体验, 从各个不同的角度揭示了主题形象。

步入交响音乐的殿堂

回家后, 舒伯特服从父亲的安排, 在父亲工作的学校里任助理教师。在这段为期 3 年的教师生涯中, 舒伯特创作出了大量的音乐作品, 同时也造就了他独特的音乐语言。

1814 年 10 月 19 日, 舒伯特将歌德的《浮士德》中一段极美的诗谱写成歌曲《纺车旁的玛格丽特》。这是舒伯特首次从歌德的诗中选取创作素材，歌德的诗中写到：

平静已逝，我心沉痛；

再也无法觅得休憩之所。

举目窗外，只为寻他；

踱步野外，也只为寻他……

舒伯特用具有丰富表现力的钢琴将诗中人物的情感升华到了深刻凄绝的境地。这首词曲搭配相当完美的艺术歌曲，一经问世便大受欢迎。《纺车旁的玛格丽特》也使舒伯特在艺术歌曲创作方面初次尝到了成功的喜悦。

与《纺车旁的玛格丽特》同样经久不衰的还有舒伯特1815年创作的艺术歌曲《魔王》。《魔王》依旧取词于歌德的同名叙事诗，歌曲讲述的是居住在黑森林深处的魔王，用轻声的恳求和许诺将孩子们的灵魂引向死亡的故事。在诗中，远行的父亲轻声安慰着因受到诱惑而深感恐惧的孩子，告诉孩子他所听到的和看到的恐怖景象只是寒风在吹动，只是烟雾在飘荡。然而，等他们到达目的地时，父亲才发现，孩子已在他怀中死去。

▲ 舒伯特《魔王》手稿

在这首诗与曲完美融合的歌曲中，舒伯特成功地利用了男中音丰富的音色和迥异的旋律表达出不同的人物特征。他用低音区表现父亲，高音区表现孩子，中音区代表叙述者，而假声则象征着魔王。在父亲与孩子的对话中，父亲的音调镇静、慈蔼，而孩子的音调却一次比一次高，表现出恐惧与绝望的逐渐加剧。当魔王出现时，歌曲的旋律与力度也随之改变，魔王那甜美的假声刻画出他的虚情假意。在歌曲的结尾处，叙述者以越来越低沉阴郁的音调唱出了孩子的死亡，全曲在父亲的独自悲痛中宣告结束。

在舒伯特早期创作的艺术歌曲中，《野玫瑰》是令人耳目一新、曲调最为悠扬的一首。

关于《野玫瑰》，据说还有一个有趣的故事：一个冬天，舒伯特路过一家旧货店，他看见一个小男孩正在卖两样东西：一件旧衣服和一本旧书。望着孩子那充满忧郁而又无奈的目光，舒伯特顿生怜悯之心，他翻遍了自己的口袋，找出仅有的几个古尔盾交给小男孩,买下了那本旧书。

　　站在寒风中的舒伯特随手翻看着那本旧书,忽然,他被书中的一首诗吸引住了,这是歌德的一首《野玫瑰》。

　　漆黑的夜,舒伯特似乎闻到了野玫瑰浓郁的芳香,一股清新而亲切的旋律从苍茫的夜空中飘起。舒伯特急切地飞奔回家,他要把心中泛起如花的涟漪谱成美妙的旋律。于是,一首传唱至今的《野玫瑰》便诞生了。

　　1815 年,舒伯特完成了他的第三部交响曲《D 大调交响曲》。1816年又先后创作出被称作为《悲剧》的 c 小调第四交响曲和降 B 大调第五交响曲。第四交响曲揭示了作者个人的内心世界和悲哀。交响曲在第一乐章开始时由小提琴奏出忧郁的、严肃的悲剧性曲调,悲怆的情绪在引子中反映得深刻有力,但音乐在随后的发展中却没有保持住这样的深度。

由于舒伯特的个性,他很少愿意在大庭广众之下演奏自己的作品,而更喜欢为熟悉的朋友们演奏。

　　在第二乐章中,出现了舒伯特那感人的歌唱性旋律,这些新的音调结构完全是歌曲性的,是他以前的交响曲中所没有的。

　　第三乐章标明为小步舞曲,依然袭用纯古典风格,但其内容完全不是舒伯特那个时代固有的小步舞曲形式的特点。在这里,舒伯特创造了一种新型的舞曲节奏,主题具有刚毅的特性,相当引人注目。最后乐章采用奏鸣曲形式,由小提琴奏出柔和的歌曲性旋律,这是舒伯特力图用自己的方式来表达悲怆的形象。

　　尽管 19 岁的舒伯特完成的这两部交响曲,属于比较成熟的作品。然而,舒伯特在世时,却一次也未能听到自己的任何一部交响曲公开演奏,这个事实对这位音乐巨人来说,无疑是可悲的。

　　1814 年 9 月至 1815 年 6 月,奥地利帝国趁拿破仑在滑铁卢惨败之际向外拓展,吞并了匈牙利,其国土不断扩大,但由于国王弗朗茨一世和首相梅特涅一再地加强专制统治,导致了国内人民生活动荡不安。从 1819 年起,为了防止暴乱发生,奥地利政府对图书、言论、音乐和报刊都采取

奥地利国王弗朗茨一世

了十分严厉的审查制度。一场白色恐怖席卷了整个奥地利。

舒伯特曾被牵连入狱，但第二天一早，他便恢复了自由，他的朋友——诗人赛恩却被判14个月的监禁，然后被递解出境逐回提洛尔山区，从此再也没有和舒伯特见过面。在舒伯特的朋友中，还有一位名叫约翰·梅尔豪费尔的诗人。舒伯特当时谱曲采用的诗，除了歌德的作品之外，最多的就要数梅尔豪费尔了，也正因为舒伯特为他的诗谱上了旋律优美的曲子，梅尔豪费尔的诗才得以广泛流传。

当然，在舒伯特一生中关系最为亲密的朋友应是弗兰兹·索贝尔(1796 ~ 1882)。舒伯特与索贝尔形影不离，他们甚至彼此亲昵地自称为"索伯特"。

↑ 弗兰兹·索贝尔

《未完成交响曲》

舒伯特的朋友中有诗人、艺术家、音乐爱好者等，他与这些有理想的朋友组成了一个称为"舒伯特小组"的集体。在"舒伯特小组"里，中心人物无疑是舒伯特。舒伯特和他的朋友们追求艺术的真谛，反对艺术成为权贵的工具，并常常对时局严禁谈论的政治问题发表尖锐的评论。因此，"舒伯特小组"的言词在当时引起了当局的警惕，曾有很长一段时间受到当局的秘密监视。

随着"舒伯特小组"在社会上的影响越来越大，也吸引了更多的年轻人加入。这个情趣高雅的集体是我们天才的艺术家极其重要的精神支柱。甚至可以这样讲：如果没有"舒伯特小组"的出现，舒伯特很可能会更早地、默默无闻地离开人间，而当今世界上，很可能不会有人再提到他的名字。正是因为有了这个集体，促使了舒伯特的创作欲望越来越强烈。他充满激情地将生活中的苦难与磨砺化为了一首首浪漫的歌曲而留给了后人。

1816年，舒伯特爱上了一个名叫特丽莎·葛罗伯的邻家姑娘。爱情触发了他非凡的艺术创造力，这时期，他为特丽莎

↑ "舒伯特小组"

写下了大约 150 首歌曲。他从未这样广泛地探索爱的主题。然而，由于舒伯特没有一份稳定的职业，爱情最终还是离他而去了，舒伯特只能将那份爱默默地化为了音乐创作的动力。

1816 年，舒伯特除了创作交响曲外，还有百余首艺术歌曲、合唱曲、宗教音乐、奏鸣曲和舞曲问世。《摇篮曲》、《泪颂》、《死神与少女》、《音乐颂》等作品是其中的代表作。

这些艺术歌曲除了以爱情和恋爱的痛苦作为主题外，还有许多表现个人幻想的生活感情的主题，表达了作者作为一个普通市民对生活的喜爱，对祖国大自然的深情和个人孤独漂泊流浪的忧伤。而后世的音乐评论家曾经对舒伯特那首令人断肠的《音乐颂》这样评价："无论谁站在舒伯特的墓前，他记忆中最先流出的必定是这首音乐。这是每一位音乐家在自己告别人世时所希望听到的歌，它的每一个小节、每一个乐段都是不朽的。"

舒伯特的歌曲情感丰富，生动优美，其中不仅有欢乐、热情和高亢，也蕴涵着忧郁、痛苦和悲泣。这样的歌曲深深触动了那个时代人们的内心。渐渐地，舒伯特的名字在维也纳的音乐圈中传播开来。随着时光的推移，舒伯特越来越希望能听到优秀的歌唱家演唱他的作品。

当时的维也纳有位著名的男中音约翰·皮埃尔·弗格，他文化修养颇深，演唱经验丰富。朋友们把舒伯特的歌曲推荐给弗格，弗格在听了舒伯特的演奏后，就喜欢上了舒伯特的作品。从此，他不但成为舒伯特大部分歌曲的演唱者，而且还成为舒伯特最忠实的崇拜者。

1818 年夏天，舒伯特前往匈牙利的彻利兹城堡教约翰·卡尔·埃斯特哈齐伯爵的两个女儿学习音乐。最初的日子，舒伯特与周围的人相处得很愉快。但后来，舒伯特发现，这里没有一个人能真正了解和懂得他的音乐。11月底，舒伯特便回到了维也纳。伯爵为舒伯特保留了家教的职位，这也为舒伯特创造了再次前往匈牙利的机会。

1824 年，舒伯特再次前往匈牙利的彻利兹城堡，就在那段时间，舒伯特爱上了伯爵的 19 岁的女儿——卡洛琳小姐。舒伯特把对爱情的梦想全部倾注于音乐之中，他创作

🔺 约翰·皮埃尔·弗格是当时维也纳音乐界相当有影响力的重要人物。对舒伯特来说，能够和这样一位广受推崇的人物交朋友是对他的莫大鼓舞。

出不少甜美迷人,流水清澈般的钢琴曲,还把《流浪者幻想曲》题献给卡洛琳。然而由于病痛的折磨,这段情感注定不会有任何结果,但这份无望的情感之火舒伯特至死都未曾熄灭。

1818年至1828年的这10年,是舒伯特的社会阅历和创作思想更为定型和成熟的时期。这时的歌曲反映出作曲家更加丰富的内心世界。

然而,舒伯特依旧被贫穷和病痛的阴影笼罩着,但是,苦难虽然折磨着舒伯特的肉体,可它却使作曲家的头脑更敏锐,加深了他对艺术的理解。《未完成交响曲》、声乐套曲《美丽的磨坊女》和室内乐《鳟鱼五重奏》等艺术瑰宝都是他在病痛中创作出的。

《鳟鱼五重奏》作于1819年,是一部规模较大的作品。作曲家运用了独特大胆的转调使音乐充满着愉快明朗的情调和浓郁的青春气息。对于这首作品,理查德·加佩评价说:"这是一种审美的幽默,而不属于温雅世故或者内省沉思的幽默。"

而那部"未完成"交响曲是舒伯特25岁那年(1822年)写成的。当时,奥地利格拉茨城的爱乐协会曾赠予舒伯特名誉会员的称号,他则以这部交响曲回赠。这部作品在1865年首次演出时就成为音乐界关注的一件大事,它不但使人们对舒伯特在交响音乐创作方面的才华有了新的认识,同时也为世界交响音乐史揭开了新的一页。

《未完成交响曲》生动地体现了主人公的内心世界,塑造了浪漫主义幻想者的典型形象,而所有这些心理刻画的画卷又赋予作品一种新颖的抒情特点:忧郁的沉思,诗意的气氛和丰富的旋律,使听者宛如置身于舒伯特的歌曲所营造的那种情绪氛围之中。

《未完成交响曲》只有两个乐章,1928年,有些人曾提出要续写《未完成交响曲》,其实这个想法是多余的,因为这部所谓"未完成"的交响曲,事实上它本身已经是一部完美无缺的作品了,从内容到形式已无可增删。就像维纳斯雕像,也许无臂会比有臂更有价值。一位音乐

《未完成交响曲》手稿

学者形象地说："让我们感谢舒伯特没有完成它！"

《冬之旅》

从1823年到1824年冬天，对舒伯特来说是一段格外难熬的日子。他大多数时间只能躺在床上，严格地限制饮食，因为采用了新疗法，头发也被剃光了。但就在他饱受疾病折磨的同时，他拿出了超人的毅力进行创作，常常累倒后才休息。

1824年1月至3月，舒伯特创作了3部重要的器乐作品，2部弦乐四重奏，1部美妙的F大调弦乐与管弦乐八重奏。另外，他还根据约翰·梅尔豪费尔的诗谱写了4首歌曲，即《胜利》、《夜星》、《烟消云散》、《刚朵拉船夫》，其中《刚朵拉船夫》是一首极富魅力的男声四重唱，也是舒伯特最受欢迎的合唱曲之一。

在舒伯特创作的15首弦乐四重奏中，只有第13首，即a小调弦乐四重奏曾在他生前公开演出过。这首四重奏中的行板乐段快乐迷人，有如柔和的微笑，但那却是含泪的微笑，笼罩在这一切之上的情绪是深深的忧郁，是具有强烈感染力的悲伤，是对一去不复返的欢乐时光的苦涩回想。全曲仿佛散发着灰色的黯淡之光，折射出舒伯特当时的心境。这首悲伤的乐曲在首演时赢得了热烈的掌声。舒伯特因此在日记中深有感触地写到："我的作品都经由对音乐的领悟和切身的痛苦而产生。这份痛苦的果实看来至少给世界散布了一点欢乐。"

尽管舒伯特的名声与日俱增，然而一想到离自己而去的健康，他依旧痛苦不堪。病痛使他不得不远离爱情，因为他知道这种爱不会有任何结果，他曾写到："我觉得自己是世上最不幸最悲惨的人了，你可能想象，一个人不能再恢复健康，因此绝望而事事砸锅；你可能想象，一个人灿烂的憧憬化为乌有，爱情与友情的快乐转为切肤之痛，对美的热情——这最后一点点鼓舞人的东西，也似将消失，真是不幸呀！"

1825年的舒伯特画像，一头浓密的深棕色卷发，手指粗短，他的头颈像是硬挤在肩膀上，而且略向前倾——舒伯特总是戴领巾遮掩此弱点。虽然他算不上英俊，但幸运的是，他在与人谈笑时，面容却会自然流露出优雅和不俗的气质。

1825 年,舒伯特迎来了他此生中的又一个创作巅峰时期。各种乐思涌现在他的头脑中,他创作出数量巨大、体裁各异的音乐作品。即便这样,舒伯特仍然没有引起音乐界的关注,维也纳始终没有把他当做一位重要的作曲家看待。这其中自有缘由。虽然舒伯特有一副动人的男中音嗓子,钢琴技巧娴熟、准确、细腻,但他却未能写出成功的歌剧来征服维也纳人;其次,舒伯特鄙视追求世俗的名利,他对刻意迎合观众口味的那些做法根本不感兴趣。在 19 世纪 20 年代,年轻人喜欢弹奏的是随想曲、附伴奏的回旋曲、华丽的幻想曲、特浪特舞曲、小步舞曲,以及根据卖座的歌剧旋律改写而成的钢琴曲,而舒伯特所写出的都是些曲调冗长的奏鸣曲、进行曲。他还首创了浪漫主义乐派中即兴曲的形式,并通过调性上、音区上、和声上的色彩性变化来刻画音乐形象,刻画个人心理状态的发展。

这种力求多方面地刻画一个音乐形象的表现手法,体现了舒伯特浪漫主义音乐的风格。在舒伯特的各类音乐作品中,歌曲起着主导作用,人们可以感受到歌曲与交响乐曲之间的相互渗透。他常以歌曲式的曲调来表示器乐作品中诗意的形象,而他的交响作品却常运用动人的歌唱性主题。这种歌唱性的交响风格,使舒伯特成为了音乐史上让交响音乐"歌唱"起来的交响大师。

1827 年 3 月 26 日,伟大的音乐家贝多芬去世了,整个维也纳沉浸在悲痛之中。29 日,维也纳为贝多芬举行了隆重的葬礼。有 2 万多名群众为他送行,舒伯特有幸成为了护送灵柩的 36 位音乐家之一。他们身穿黑色丧服,胸前佩戴一朵白玫瑰,臂缠黑纱,手持火炬和洁白的百合花束,默默地跟随在灵车的两旁。直到棺木下土,他们才吹熄手中的火炬。

贝多芬一直是舒伯特心中最敬慕的大师,他几乎将贝多芬视为了音乐的灵魂,然而至今仍无人能够清楚地得知生活在同一城市中的这两位音乐巨人是否曾经会过面。据说,舒伯特的朋友曾把他带到贝多芬的寓所,但在贝多芬迎出来之前,舒伯特就紧张地逃走了。也有人说他们还是见过面,只是舒伯特过于紧张,一句话也说不出来。不管事实如何,他们在作品上以及心灵上的确有着共同的心声。

↓1827 年舒伯特画像

贝多芬很喜欢舒伯特在 1822 年出版的一首变奏曲,而且经常和侄子卡尔一起联弹这部作品。此外,贝多芬在去世之前听过舒伯特的歌曲,据说他曾感叹道:"在舒伯特身上,确实闪耀着神圣的火花,安塞姆(贝多芬的朋友)拥有我的心智,而舒伯特拥有我的灵魂。"由此可见,两位大师在心灵上的交往是多么的默契。

贝多芬的去世导致舒伯特陷入了对生命的深深思考之中。而这份思考也被他带入了作品中,他开始对于"死亡"这个永恒的现象产生了极强烈的兴趣,并写出了大量关于死亡的歌曲,甚至被批评为过度沉湎于这一主题。

一个偶然的机会,舒伯特在一本年鉴中看到《冬之旅》的前 12 首诗,一口气读完,他立即受到前所未有的震撼,创作的灵感油然而生。他似乎在诗文所描绘的痛苦世界中看到了自己的身影。舒伯特开始用音乐描述这无与伦比的情景,在冰天雪地、寒风凛冽之中,流浪人内心彻底地绝望和心碎。作品完稿于 1827 年 10 月份。创作刚刚完成,舒伯特就急切地向朋友们宣称,有一部极好的作品要唱给大家听。当舒伯特满怀深情地唱完了这部新作品后,朋友们都静默无言,他们被歌曲那悲伤忧郁的意境深深震慑了。

不久,弗格以大师特有的方式演唱了《冬之旅》,他将舒伯特的创作意境发挥得淋漓尽致。悲抑、哀愁的《冬之旅》无疑是舒伯特在声乐套曲方面的巅峰之作。

那段时期,舒伯特情绪很不稳定,似乎相当颓丧。《冬之旅》在他眼中,是"一首相当富有灵感的声乐套曲",他认为是自己写过的最成功的曲子。

这些歌曲忧郁凄绝,听众听后被震慑得不知所措。他的一位友人曾说:"在德国艺术歌曲中再也找不到比《冬之旅》更美的作品,而《冬之旅》也可以说是舒伯特为自己创作的'天鹅之歌'。"

《冬之旅》手稿

《C 大调交响曲》

1828 年，舒伯特的健康状况每况愈下，他听从了宫廷医生恩斯·冯·瑞纳的建议，到郊外他哥哥费迪南德的新房去住，因为在那里可以呼吸到新鲜的空气。可是新房刚盖好，相当潮湿，卫生条件也很差，这里尽管风景怡人，对舒伯特的健康来说，却毫无益处，再加上他的收入一天天地减少，他的营养也自然跟不上身体所需。然而舒伯特仍不忘提高自己的音乐技巧，无数的巨作在这期间得以完成，如伟大的《C 大调交响曲》以及在他死后由后人收集并且命名的歌曲集《天鹅之歌》。

舒伯特的最后一部《C 大调交响曲》时常被称为"伟大的交响曲"，它是一部十分新颖的作品，不论是抒情主题的形象本身，或是乐队的色彩表现手法，处处都可以感觉到浪漫主义的新风格特点，而在浪漫主义风格范围中展示英雄性的因素，却是舒伯特在此之前的作品所没有的。尤其是第一和第四乐章中，充满了青春的活力，体现了生活的毅力和积极的意志，是英雄性的诗篇。俄罗斯音乐评论家斯塔索夫在论述这部交响曲时曾经说过："它的鼓舞和振奋的力量；它的美，它的前三乐章所体现的'人民性'和'人民群众'以及最后乐章的'战斗'，都显示出真正的天才。"舒曼也认为舒伯特已经从这部作品中找到了通过交响乐走向群众的道路，他说："谁若是不知道这部交响曲，那么可以说他对舒伯特还知道得不多。"

1828 年 11 月，舒伯特除了吃药之外，他什么也吃不进去了，而且常常呕吐。从 11 月 14 日起，舒伯特再也没有起过床，他常常神志不清，不停地说着胡话。他的哥哥费迪南德和妻子安娜，还有他 13 岁的异母妹妹，全都尽心竭力地看护着他。从 17 日晚开始，他连续三天在呓语中度过，他想象着自己是

舒伯特书写的一封关于《C 大调交响曲》的信

在某个陌生的地方。他说:“我求你把我移到我的房间去，不要让我待在这儿，难道我在地球上就不能有个自己的位置吗？”哥哥一再安慰他，说这是在自己家里，舒伯特说：“不，这不是真的，贝多芬没有躺在这里。”舒伯特一生中这最后的呓语除了是他内心深处愿望的流露外，还能是别的什么呢？他多想埋葬在贝多芬——那位他极其推崇的巨人的身边。

1828 年 11 月 19 日下午 3 点钟，舒伯特离开了人世。时年不满 32 岁。他的离去就像河流消失在大海里，而他，却消失在他的歌声中。

11 月 20 日，天空阴沉得好像可以拧出水来，刺人肌骨的寒风呼啸着，舒伯特身裹崭新的寿衣，戴着十字架，躺在一口漂亮的棺材里，被安葬在威林格墓地贝多芬的身边。在舒伯特的墓碑上刻着：“死亡把丰富的宝藏，把更加美丽的希望埋葬在这里了。”好友索贝尔为他写下一首悼诗，诗的末尾是：

“就这样，永远追随每一个美妙的音符，我们将重逢在那遥远的世界。”

舒伯特的所有遗物被清点登记，这位向来不修边幅的单身汉的财产如下：

“3 件布料外套，3 件毛外套，10 条裤子，9 件背心。1 顶礼帽，5 双鞋，4 件衬衫，9 条手绢和围巾。13 双袜子，1 条床单，2 条毯子。1 个褥垫，2 条床罩。

除了一些旧乐谱……没有发现死者别的遗物。”

舒伯特的这些“旧乐谱”被估价 10 个盾(奥地利旧时货币名)，其他遗物价值 63 个盾，而他生病，丧葬的费用连同身后的债务总计将近 1000 个盾。

舒伯特走了，朋友们保留着他留下的音乐手稿，这些比世界上所有的珠宝收拢在一起都更为珍贵。

透过舒伯特短暂的一生，人们看到了他追求光明和幸福的愿望，也看到生活在那种社会中带给他的矛盾和痛苦。浪漫主义作曲家李斯特对此深表同情，他说舒伯特“没有看到长期所盼望的光明，就在年轻的时代夭折了”。然而，舒伯特却成为了浪漫乐派的奠基者之一，在他之后，浪漫主义才开始在音乐史中确立自己独一无二的地位。

维也纳中央墓地的舒伯特墓碑。2 米多高的白色大理石墓碑上雕刻着一个带翅膀的音乐女神正给舒伯特戴上音乐桂冠，在他们的脚下是一个长着翅膀的小天使，双手拿着一个花篮，仰着可爱的小脸倾听着他们的谈话。

大 事 年 表

1797 年	1 月 31 日,生于维也纳附近的汉普夫。
1805 年	8 岁的舒伯特在父亲的指导下学习小提琴。
1808 年	被皇家神学院唱诗班录用为童声合唱队员。
1810 年	创作出了最早的作品《狂想曲》。
1811 年	写下《夏甲的哀诉》。
1812 年	母亲去世。
1813 年	完成第一部交响曲——《D 大调第一交响曲》,并将此曲献给寄宿学校。
1814 年	创作歌曲《纺车旁的玛格丽特》。
1815 年	完成第三部交响曲《D 大调交响曲》。
1816 年	创作出第四、第五交响曲。
1822 年	创作了《未完成交响曲》。
1824 年	备受疾病的折磨。同年,开始创作声乐套曲《美丽的磨坊女》。完成 a 小调弦乐四重奏。
1827 年	创作《冬之旅》。
1828 年	完成了伟大的《C 大调交响曲》,以及歌曲集《天鹅之歌》。11 月 19 日逝世。11 月 20 日,被安葬在威林格墓地贝多芬的身边。

肖 邦

　　肖邦是浪漫主义时代最具独创性的艺术家之一。150 多年来，他用自己无与伦比的钢琴语言使千百万后人的心灵得到了音乐的滋润和震撼。

　　肖邦在音乐中强烈地突出了斯拉夫民族的语言，他使波兰民族的血液沸腾在了每一个旋律中，他将洒遍波兰大地的泪珠收集起来，使它们凝成了一颗最美、最独特的宝石。

　　毫无疑问，肖邦是波兰人民心中的英雄，同时更是令全世界人们骄傲的"钢琴诗人"。

崭露头角

⬆ 肖邦的父亲尼古拉亚·肖邦

在离华沙大约 100 千米的耶里亚左瓦·沃里亚是一个风景优美的村庄。渥特拉河慢悠悠地从这儿流过，高大的白杨与茂密的菩提树构成了一道圆形的绿色屏障，就在这座绿色屏障的深处，坐落着一幢被草木包围的古老宅院。

1810 年 3 月 1 日，弗雷德里克·肖邦就出生在这座幽雅美丽的古老宅院中。

肖邦出生时，正值波兰处于历史上暴风雨般的动荡年代，拿破仑王朝的军队不断地路过并停驻在沃里亚。不安与嘈杂打破了小镇原有的宁静，于是，父亲尼古拉亚决定举家迁往华沙。

在良好的家庭环境下，肖邦显示出极其丰富的想象力，并流露出对音乐的热爱。6 岁的时候，肖邦便试图从那些黑白分明的琴键中找寻使自己快乐的源泉。父母为儿子物色了一位名师——波西米亚籍的作曲家芮尼成为了肖邦踏上音乐道路中的第一位引路人。

在芮尼的悉心指导下，肖邦的琴技开始突飞猛进，尤其在即兴演奏方面表现出的特有的天赋。

1817 年，7 岁的肖邦在老师的推荐下开始出入华沙的上流社会。于是，在那些富丽堂皇、闪烁着珠光宝气的贵族家中，经常流淌出肖邦弹奏的美妙音乐。肖邦就像一颗散发出无比光芒的乐坛新星，令聆听者着迷不已。一位名叫亚历山大·坦斯卡的人将肖邦喻为"莫扎特的继承者"。

1818 年 2 月 24 日，肖邦开始了他的第一次公开演出。当时的《华沙报》刊登了这次慈善性质音乐会的广告，肖邦的名字被排在名单的最后。就是这天晚上，刚过 8 岁生日的肖邦以一首捷克作曲家吉洛维茨创作的钢琴协奏曲博得了所有人的掌声。

1823 年秋天，肖邦进入了华沙中学开始接受正规教育。他喜欢历史与文学，拉丁语和希腊语也算不错。在

⬆ 1817 年，7 岁的肖邦出版了一首简短的《g 小调波兰舞曲》。图为肖邦的波兰舞曲。

同学眼中，肖邦既顽皮又聪明过人。

暑期，肖邦和朋友德西瓦那斯基一同来到远离华沙的乡下。他到住处附近的农民家里做客。在那里，他听到了很多农民们演奏的民间乐曲，质朴优美的民间音乐曾经久久地使他陶醉，特别是民间的玛祖卡、库亚维亚克舞曲使他着迷不已。从这时起，祖国的民间音乐就像种子一样，播撒在了肖邦的心田里。

虽然历史上的波兰是一个屡遭瓜分、多灾多难的国家，但同时也是一个可歌可泣的民族。在肖邦的少年时代，波兰涌现出一批爱国的思想家和文艺家。他们主张艺术要有鲜明的民族特性，要有热爱人民和自由的思想，要有丰富的情感色彩。他们作品中的浪漫主义思潮和进步的民族意识对肖邦眼界的扩大，智力的成长和对民族文化艺术的认识具有着深远的影响。

1826 年 9 月，肖邦如愿以偿地进入了华沙音乐学院，开始为期 3 年的学习。这所音乐学院只有 5 年的校史，是一所相当年轻的学校。其教学内容除了音乐、戏剧外，还包括波兰文学、语法、修辞、美学、法语以及意大利语等课程。肖邦的音乐导师是该院院长埃尔斯纳，埃尔斯纳认为肖邦在钢琴技巧方面已经无需任何人的指导了，他要学习的是如何掌握作曲的技巧。

在埃尔斯纳的指导下，肖邦开始系统地学习乐理、对位法、和声、管弦乐法等。对肖邦来说，按照公式法则谱写出一首乐曲并不是件难事，但是他却深感痛苦，他身上那股渴望自由的天性驱使着他去摆脱学院派音乐所带来的束缚。于是，一首《玛祖卡回旋曲》诞生了。这是一首真正属于肖邦自己的乐曲，也是他学生时代所创作的较为有趣的作品之一。肖邦在乐曲中加入了波兰民间音乐的旋律变化，而这只是一个开端。在日后所创作出的大量作品中，肖邦将这种特色鲜明的斯拉夫民族语言运用得更为奇妙。

 约瑟夫·埃尔斯纳，肖邦在华沙音乐学院的院长和导师。在他的指导下，肖邦的琴艺不仅变得高超，而且还创作出独具风格的乐曲。

音乐之旅

↑门德尔松是德国浪漫乐派最具代表性的人物之一。

1828 年夏天，父亲尼古拉亚的一位同事去柏林参加国际学术会议，18 岁的肖邦和这位动物学教授一起前往柏林。

柏林作为艺术和戏剧之城在世界上享有盛名。自 17 世纪末开始，音乐便特别受到这里人们的尊崇。初到柏林的肖邦尽情地欣赏着新近上演的各类音乐曲目，其中一部英国著名作曲家亨德尔创作的清唱剧《圣塞西利亚日颂诗》引起了肖邦的强烈兴趣。他认为亨德尔作品中那欢乐明亮的旋律以及壮丽的圣咏音乐才是接近自己理想的最伟大的音乐。

柏林的舞台几乎每天都有新剧上演，并且，那里生活着许多德国的音乐界名流，如斯蓬蒂尼、蔡尔特（歌德的朋友和音乐顾问）以及年轻的门德尔松等人。虽然门德尔松仅比肖邦年长一岁，但那时的他已经创作出传世之作——《仲夏夜之梦》的序曲。

肖邦十分称美门德尔松，毫无疑问，这次的柏林之行使肖邦大开眼界。

回到家乡，肖邦已是音乐学院三年级的学生了。即将毕业之际，他创作出一首钢琴三重奏献给曾经给予他极大鼓舞的雷兹威尔王子。同年，他还创作出两首为钢琴和管弦乐所作的乐曲：《波兰旋律大幻想曲》和《克拉科维克回旋曲》。尤其值得一提的是这首《克拉科维克回旋曲》的引子，其曲调异常独特，优美感人。

↑波兰南部城市克拉科夫是座文化名城，城内有多座城堡、教堂等古迹名胜。而产于这里的民族风格浓郁的克拉科夫舞曲则为肖邦带来了无穷无尽的灵感。

克拉科维克舞曲来源于克拉科夫城的波兰舞曲，具有浓郁的民族风格，虽然当时这种舞曲并不如玛祖卡那样广受欢迎，但是其活泼的 2/4 拍和有节奏的重音却能够深深渲染气氛，而肖邦的作品恰恰展现了这一特点。他将听者带进了欢快的波兰乡间，感受到强烈、富于诗意而又炽烈的爱国热情。

波兰的一位钢琴家帕岱莱夫斯基曾经这样评价肖邦："肖邦在波兰土壤深处找到

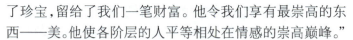

了珍宝,留给了我们一笔财富。他令我们享有最崇高的东西——美。他使各阶层的人平等相处在情感的崇高巅峰。"

1829年,沙皇尼古拉一世任命亚历山大一世为波兰国王。新国王的上任丝毫没有令波兰人民感到任何的喜悦之情,因为他们毕竟生活在侵略者的统治下。

不过对肖邦来说,这一年却有着另外的意义,他见到了意大利小提琴家——尼可洛·帕格尼尼。帕格尼尼是19世纪最出色的小提琴演奏家。当听说帕格尼尼将访问华沙时,肖邦激动不已。在聆听完帕格尼尼的最后一场独奏会后,回到家中的肖邦独自一人在房间中徘徊。他注意到帕格尼尼音乐中呈现的崭新的音乐风格。正如他习惯于将所有的新鲜经历体现在自己的作品中,不久,肖邦便根据一首意大利乐曲《威尼斯狂欢节》创作出一首《A大调变奏曲》,并且添上了一则副标题——忆帕格尼尼。

1829年,肖邦从华沙音乐学院毕业了。肖邦雄心勃勃地来到了维也纳,他准备从这里起步,开创一条完全属于自己的道路。只要提起维也纳,人们自然会联想到海顿、莫扎特、贝多芬这样的音乐大师。是的,维也纳是音乐的故乡,或许是那条静静的多瑙河给了生活在这里的音乐家以无穷的艺术灵感,而肖邦也依旧感受到了那些已逝去的音乐大师们的不朽精神。

1829年8月11日,肖邦在维也纳帝国剧院以主要作品《请伸出你的玉手》叩开了"这个世界的演奏之门"。从肖邦写给家人的信中,我们能够深深感受到他带给听众们的震惊。他说:"那些听众甚至都跳到椅子上了!"

很显然,听众们都为肖邦乐曲中具有的鲜明个性与自由的抒情之美所吸引。更重要的是,他的优美之中略带一种沉思与感伤,这一点尤其能打动听众们的心。

第一场音乐会后,肖邦又陆续举办了几场演奏会,他一次比一次成功。肖邦成为了整个维也纳音乐界中一颗闪亮的明星,成为了人们关注的焦点。与此同时,他也结识了大批著名的音乐人士,如维也纳宫廷乐长基洛伟茨、曾是贝多芬学生的车尔尼(也曾是李斯特的老师)等人。

维也纳之行十分成功。1829年8月,肖邦告别了维也纳,前往哈布斯堡皇族统治下奥匈帝国的另一城市——布

⬆ 尼可罗·帕格尼尼是历史上最著名的小提琴大师之一,对小提琴演奏技术进行了很多创新。

拉格(今捷克首都)。在布拉格停留期间,肖邦并没有像人们猜想的那样陷入繁忙的音乐演出中,而是仔细地领略着这座曾经富绕而且古老的城市的迷人之处。

离开布拉格后,肖邦又来到了素以建筑、艺术收藏与图书馆著称的古城德累斯顿。这座城市被森林环抱着,易北河缓缓地从中流过。居住在此的人们想必生活中充满了闲适与安逸。

在德累斯顿,肖邦聆听了德国作曲家施波尔1816年创作的歌剧《浮士德》。这个题材曾经吸引过许多作曲家,此剧亦对肖邦留下了深刻的印象。9月12日,肖邦终于回到了家乡华沙。此时,视野大开的他早已没有了公开演奏时的压力,他将所有的时间都用在了研究音乐作品与自己的创作中。

"隐藏在花丛中的大炮"

1830年春天,肖邦认为此生中最重要的作品——《f小调钢琴协奏曲》诞生了。这首协奏曲共分三个乐章,充满着浪漫主义的幻想情趣。此外,这首作品也向世人表露出外表像位诗人的肖邦第一回疯狂地陷入了情网。他在向朋友解释这首协奏曲优美绝伦的第二乐章的同时还说道:"我已经找到我忠实而诚挚地崇拜着的意中人——可能对我来说是不幸。6个月过去了,可我却还从未与这位我每夜在梦中见到的人交谈过一次——她就是我写作协奏曲的慢乐章时出现在我脑海中的人。"

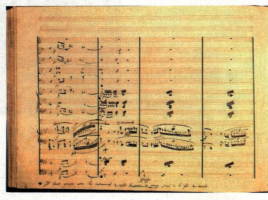
《f小调钢琴协奏曲》手稿

肖邦几乎一写完这首协奏曲,就在华沙的一场公开音乐会上演奏它,时间是1830年3月17日。协奏曲第一乐章的开始基本延续了古典传统,以大段的乐队引子来呈示几个重要的主题;在第二乐章中,肖邦梦想着的意中人出现了。

这段美妙的夜曲般的乐章似乎是他受到意大利美声唱法的启发,

他用惊人的手法让钢琴在声乐风格的范围内歌唱,变化的幅度从最简单的小曲直到最精致的绚丽飞翔的花腔变奏。乐章的中段是感情炽热的歌剧宣叙风格的模仿,乐队沉思般的后奏结束在流连徘徊的钢琴琶音中,仿佛作曲家不忍离开他的梦境;最后的末乐章标着"纯朴优雅"的小标题,它像水晶般清澈透亮,旋律中隐约蕴涵着难以捉摸的波兰玛祖卡舞曲的节奏。

这里几乎没有肖邦晚期作品中的那种旋律上与和声上的深奥之处,但是它却质朴而令人无法抗拒。俄国作曲家、钢琴家安东·鲁宾斯坦后来在谈到这首乐曲时说:"肖邦是弹奏钢琴的游吟诗人,是钢琴的精神,钢琴的灵魂。"

🔺俄国作曲家、钢琴家安东·鲁宾斯坦

肖邦的《f小调钢琴协奏曲》提到的意中人是一个名叫康斯坦亚·哥拉德科斯卡的姑娘。他们彼此相爱,却没有结果。而正是这次短暂的爱情,给肖邦带来了两首甜美迷人的钢琴协奏曲,除了前面提到的那首外,还有一首《e小调钢琴协奏曲》。珍珠般晶莹的钢琴声令人浮想联翩。它是那么纯净、那么清澈,也许这就是恋人们内心的声音。

1830年11月,肖邦再次抵达维也纳。虽然,他在社交圈中依然受到了欢迎,但肖邦发现,大众的音乐口味也发生了变化,他们开始着迷于施特劳斯家族的华尔兹舞曲以及幻想曲和由流行歌剧曲调写成的各种杂曲。

而就在这时,俄国又一次向波兰发起了侵略战争,他们派遣数十万大军浩浩荡荡地进逼整个波兰。1830年11月,华沙起义爆发了。父母在信中哀求儿子肖邦不要回去,他们不愿意看到肖邦的天赋与才能毁于这场战争中。

🔻1830年11月爆发的华沙起义

身在异乡的肖邦从未忘记过自己的祖国。不知有多少个夜晚,他都在心中默默地呼喊着"波兰、波兰"这个令他倍感亲切而又深感痛苦的名字。他多么希望能够同祖国人民站在一起,抵御气焰嚣张的侵略者。

1831年,由于华沙大贵族的背叛,华沙起义被俄国侵略军镇压了。闻听起义失败的消息后,肖邦的精神受到了沉重的打击,祖国的悲剧在他心中激起

了对侵略者的无比愤恨。民族的灾难使肖邦对祖国的爱愈加强烈。于是，在巨大的精神撞击下，作曲家将自己的悲痛之情与强烈的爱国热情交织在了一起，构成了一首既严峻又温存的音诗——《c 小调练习曲》诞生了，这首乐曲也被后人称为《革命练习曲》。它向人们倾吐了一位热血青年对永不屈服的祖国和同胞命运的强烈关注，以及对侵略军的满腔愤恨。

之后不久，肖邦又创作出一首 b 小调谐谑曲。这首作品突破了传统谐谑曲的风格，而更多地被注入了深刻的思想性和哲理性。乐曲一开始便进入了感情的动荡中，起义的失败使作曲家感到恐慌，继而表现出的是愤怒和抗争之意。音乐的中部旋律朦胧而柔和，然而到了再现部，音乐重又爆发出悲愤与渴望胜利的激情。整首作品充满了鲜明的戏剧性和剧烈的悲剧性，令人看到民族的悲剧在肖邦心中激起的剧烈动荡。这时，我们不免想起了舒曼的那段话："如果北方那个专制的沙皇知道肖邦的作品里面，就在最简单的波兰农民的玛祖卡舞曲的旋律里面，都有他的可怕的敌人在威胁着他，他一定会禁止肖邦的音乐在他统治的区域里得到演出的机会。肖邦的作品好比一门门隐藏在花丛中的大炮。"

《f 小调钢琴协奏曲》

1831 年，肖邦来到了巴黎，除了短暂的旅行外，他大部分的时间都生活在巴黎并逝于巴黎。

在肖邦抵达巴黎前的近半个世纪，法国一直是欧洲暴动和改革的中心。1789 年爆发的法国大革命是世界上第一次社会性的革命。在接下来的内战中，1.7 万人被送上了断头台，其中包括国王路易十六和王后玛丽·安东瓦奈特。

1814 年，君主制短暂复辟，但革命的成果流传了下来。社会主义和民族主义的思想成为了这次革命对其他国家的出口物，此外还有在这次革命中创立的平等的法律制度和人权宣言。

在这样的时代背景下，巴黎年轻一代的知识分子们组

🔆 肖邦肖像

成了一个名叫"世纪之子"的团体。他们主张言论与思想自由。这批狂热的年轻人以一种显现他们这个年代及其古典文化遗产的方式，在自己的作品中宣泄情感，找寻戏剧中所蕴涵的艺术张力。当然，音乐界亦不乏其人，李斯特、柏辽兹和罗西尼都在那儿，而初到巴黎的肖邦很快便喜欢上了这个群体，他和他们成为了朋友。

1832年2月26日，肖邦在巴黎举行第一场音乐会。他依旧演奏了自己最为喜欢的《f小调钢琴协奏曲》以及《请伸出你的玉手》变奏曲。在穿插的节目中，肖邦与法籍英裔音乐家乔治·昂斯陆以及费迪南·希勒等六人共同演奏了一首考克布雷纳所作的《序曲、进行曲及大波兰舞曲》。

前来观赏的人们以热烈的掌声对他们的精彩演奏给予回报。首演的成功激励着肖邦。

不久，肖邦决定举行另一场音乐会——慈善音乐会，地点定在巴黎音乐学院的音乐大厅中。而这次却并不顺利，未能获得预期的反响。

🔲费迪南·希勒，德国作曲家。10岁就公开演出莫扎特的作品，后来成为胡梅尔的学生，并随他探望了临终的贝多芬。

就在他对今后的道路感到迷惑时，肖邦幸运地结识了当时巴黎上流社会中的巨富雅各布·罗德希尔德男爵。一时间，肖邦便成为了巴黎上流社会最受欢迎的人物。于是，能够做这位音乐家的学生，成为了巴黎的王公贵族们所追求的时尚。因此教学生涯使肖邦的生活富裕起来。

肖邦几乎每天都处于高级的社交圈中，身边是大使、公主与部长们的身影。然而，这种毫无激情、庸俗平乏的生活却使肖邦感到了空虚与苦闷。远离祖国的肖邦无论在精神上，还是在内心中，他想到的始终是动荡不安的波兰。

🔲肖邦的叙事曲手稿

1835年4月，肖邦在巴黎举行了最后两次的公开演奏会，不成功的结局终于使肖邦放弃了成为职业演奏家的志愿。

他开始有更多的时间进行创作了。这段时期，他写出了许多著名的曲目，如幻想即兴曲、旋律明快的圆舞曲、玛祖卡舞曲、波兰舞曲、叙事曲以及谐谑曲。肖邦的叙事曲是直接在浪漫主义文学的影响下产生的。例如第一首《g

🔺 玛利娅画像

小调叙事曲》是根据波兰的爱国诗人密茨凯维奇的长诗《康拉德·华伦洛德》写成的。肖邦准确地把握住了为民族献出生命的英雄华伦洛德的大无畏性格,整首乐曲贯穿着紧张的悲剧性气氛。这些作品先后被法国和德国的出版界所发行。

这一年夏季,肖邦献给恋人玛利娅一首《A大调圆舞曲》。也许是这次短暂的邂逅,两人还未来得及付出最深的感情的缘故吧,总之,音乐不过是心灵的回声,淌过浅浅小河式的爱,自然不会溅起惊涛骇浪,所以现在看来,这首乐曲的确无法与献给初恋情人的那两首协奏曲相媲美。

在饱尝了爱情馈赠给他的痛苦之后,肖邦变得沮丧而且忧郁。从肖邦的第二号《降b小调谐谑曲》中,我们可以感受到困扰他的那种情感。这首谐谑曲也是肖邦一生所创作的四首谐谑曲中最著名的一首。首先,由急板半音量柔声的第一主题第一乐句开始,然后是轻快与优美,接着是"沉迷于思念、怪异与憧憬",终结部有力而热情。

和乔治·桑的爱情

与前两次恋情完全不同的是肖邦和法国女作家乔治·桑的爱情,那是一场马拉松式的爱,长达10年之久。

1831年,在经历了一段不幸婚姻后,乔治·桑来到了巴黎。5年后的一次晚会中,肖邦与乔治·桑相识了。在逐渐的交往中,肖邦开始被她的魅力所征服;而肖邦在音乐方面的才能也令乔治·桑倾倒。

乔治·桑比肖邦大6岁,从一开始,乔治·桑就担当起了"大姐姐"的角色。这种非正常的恋爱关系,命中注定他们可以爱得如火如荼,但却不能从一而终。密茨凯维奇曾经这样形容两人的恋情:"肖邦是乔治·桑邪恶的天才,纯洁的吸血鬼,也是她的十字架。"这样的一种关系几乎一直存在于两人的恋情中。

1838年10月,乔治·桑带着15岁的儿子莫里斯和8岁的女儿索兰嘉与肖邦一同离开了巴黎,前往气候怡人的位于马霍卡岛上的帕尔马休养。

🔺 乔治·桑生于1804年,18岁时嫁给卡西米尔·杜德望男爵。这位男爵是位极其无趣而且缺乏想象力的人,这也最终导致了他和乔治·桑的婚姻出现裂痕。

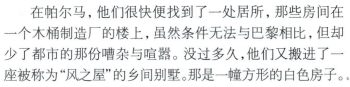

在帕尔马，他们很快便找到了一处居所，那些房间在一个木桶制造厂的楼上，虽然条件无法与巴黎相比，但却少了都市的那份嘈杂与喧嚣。没过多久，他们又搬进了一座被称为"风之屋"的乡间别墅。那是一幢方形的白色房子。

肖邦和乔治·桑一家常常穿过崎岖的小径，沿着海岸散步。但是，自在的生活没过多久便被肖邦的一场大病打破了。一场剧烈的海风使肖邦病倒了，他得了严重的气管炎。肖邦患肺病的事情惊动了当地居民，他们认为这是相当令人恐惧的传染病。无奈之下，乔治·桑扶着虚弱的肖邦搬进了瓦德摩萨的修道院。

这座修道院孤独地伫立在群山之中，十分安静。在这段时期，肖邦的《前奏曲》终于完成了。这部前奏曲共26首，虽然在巴黎时这部作品的绝大部分已经完成。但其中至少有4首是在马霍卡岛创作的。

从这些前奏曲作品中，我们不难看出，身在异乡的肖邦无论是面对着上层社会的奢华，还是面对着难以抗拒的爱情，无论是在巴黎的沙龙中，还是在马霍卡岛度过的每一个黄昏里，他在精神上始终与波兰联系着，他的作品中也从未失去波兰的声音。例如在第二首前奏曲中，充满了孤寂哀痛的音调，反映出肖邦在1831年华沙起义失败后的悲郁心情。第24首也作于起义失败后，但表现的是肖邦这时的革命豪情和对敌人的义愤。

此外，那首在病中谱写的《降b小调奏鸣曲》也尤为著名。这部奏鸣曲共分四个乐章，总起来构成一部宏伟、悲壮、史诗般的套曲。肖邦在这部作品中所创造的音乐形象是多方面的。第一乐章中占主导地位的是戏剧性的冲突，光明与黑暗之间的搏斗。第二乐章则是坚定刚毅、顽强的形象，这形象被柔美、宁静、如歌的另一个音乐主题有力地衬托出来。第三乐章则是一首悲壮、凄凉的葬礼进行曲，情感极为肃穆、深沉，有感人的悲痛之情。末乐章是最为奇特的乐章，它没有像一般奏鸣曲那样在最后乐章中创造一个音乐高潮，这乐章的篇幅极短，几乎在篇幅上与前三乐章之间失去平衡，音乐一直在飞快的速度中进行。肖

乔治·桑和肖邦

邦在这首作品中表现出了在祖国和民族的不幸遭遇面前作为一个爱国者的痛苦的挣扎、悲愤和斗争的意志。在技巧上，它少了以往的曲折和戏剧性，但却显得更加沉稳。舒曼在谈到终乐章时说："这个伟大的乐章也许是音乐史上最大胆的一页。死亡展现出最残酷的现实，并以其无情的力量破坏和毁灭了一切。"

1839年2月，由于肖邦的健康状况，他们不得不重新踏上了返回巴黎的汽船，而此时被疾病折磨的肖邦与数月前的他早已判若两人。

诺昂是乔治·桑乡间别墅的所在地。这是座简朴、大方的庄园宅第，大门面对着村里的广场和花园。一条安德尔河像许多彩带一般，将这间别墅装饰得分外迷人。

1842年夏，这片美丽的土地上传出了肖邦的钢琴声。整个夏天，他们都在诺昂过着一种宁静、平淡的生活。这期间，肖邦创作出两首美妙的玛祖卡舞曲，乔治·桑将它比喻为"比40部长篇小说更有意义，比本世纪全部文学作品所表达的内容还要丰富"的作品。肖邦的玛祖卡舞曲与波兰的民间舞曲有着血肉般的联系，但又是经过了加工、改造并艺术化了的富有独创性的音乐作品。这些玛祖卡不仅节奏生动多样，旋律优美，而且往往感情深厚，具有强烈的风俗性和浓厚的生活气息。

此外，肖邦还有许多新的作品问世，如慵懒的《G大调夜曲》和温柔的《升F大调即兴曲》，这首《升F大调即兴曲》的开始仿佛是一首低唱着的摇篮曲，中段响起了战斗的音调，接着宛如骑士驰去，留下他的爱人继续在唱摇篮曲，后来随着主题旋律的加花变奏和音型的加快，似乎出现了光明和希望的景象，直到最后乐曲以乐观的情绪结束。

肖邦的夜曲手稿。夜曲是肖邦自己创新的一种钢琴独奏体裁，它具有冲淡平和、寂静幽澜的特点，轻缓中偶尔透着那么一点点沉思。

1842年11月，肖邦回到了巴黎，他搬进了奥尔良区宽敞的新家。肖邦的大部分时间依旧被用在授课与娱乐上。

1844年5月，肖邦接到了父亲去世的消息。他异常哀恸地将自己整天关在房间里，他的健康状况也使人深感担忧。

肖邦与乔治·桑的恋情最终于1848年破裂了。肖邦与乔治·桑在一起的10年，正是他创作中最旺盛的时期。除了上述种种,还有著名的波兰舞曲和不少夜曲。

最后的岁月

  1831 年的华沙起义失败给肖邦带来了沉重的感情体验,对故乡命运的忧虑和对民族辉煌历史的感触,促使他以新的视觉与思想来领悟音乐的内涵,于是,在肖邦的创作中出现了新的倾向,这种倾向鲜明地反映在肖邦最为著名的两首波兰舞曲 A 大调《军队》和降 A 大调《英雄》中。

  A 大调《军队》创作于 1846 年前后,这是一首庄严雄伟,具有英雄凯旋性质的作品,它那纯正有力的音乐主题常被用来作为波兰的象征。另一首《英雄》是肖邦的波兰舞曲中气势最宏伟的一首。全曲渗透着刚毅的精神,充满了战斗性和史诗性。据说肖邦在创作此曲时,由于倾注了全部的爱国激情,以至于他似乎听到了波兰先辈们的脚步声,眼前甚至出现了他们全副武装的身影。

  谈及肖邦创作的夜曲,总是令人们百听不厌。他的夜曲超出了一般夜曲的感情范围,而成为感人的内心独白。肖邦的早期夜曲将忧悒的沉思、抑郁的悲哀以及深刻的怀念一一融进了柔情而明朗的旋律之中。即使是如火的情感,也被他收敛得温柔蕴藉;即使是暴风骤雨,也被他一柄小伞统统盛起。然而听肖邦的第 13 首 c 小调夜曲时,人们感到的却完全是另一种风格,这首乐曲既充满着强烈的英雄气慨,又夹杂着悲痛欲绝的爱国之痛。肖邦的最后几首夜曲具有晚期创作的特色,它们更加纯朴、自然,似乎作曲家已将内心的隐痛深埋了起来,从而流露出一种与世无争的心境。

  1848 年,肖邦因为生活拮据,决定抱病渡海赴英国演出。但在此之前,他在巴黎普莱埃尔家的贵宾厅中举行了最后一次公演。那

肖邦降 A 大调波兰舞曲《英雄》手稿

里曾经带给了肖邦无数的荣耀，而这次演出却是他最后一次以钢琴家的身份出现在巴黎的舞台上了。首先，他与小提琴家埃拉德、大提琴家法兰肖梅一起演奏了莫扎特的《E大调钢琴三重奏》，之后，肖邦演奏了自己谱写的升F大调《船歌》。

在《船歌》的创作中，肖邦采用了极其朴素的手法，这也许是取自于门德尔松《威尼斯船歌》的印象，而恰恰是那种富有诗意的旋律，使听众感受到黑色的弧形水面映着堤岸上闪亮的、光影流泻的团团灯火，浪花、游人、喧声和小船浑然一体的感觉。为了描绘这个画面，整首船歌本身连同全部琶音、颤音和倚音，像完整的水域，起落有致，在自己的持续音上或飞扬上升，或滚滚跌落，低沉地奏出它本身和声的大调与小调的震颤。

音乐会过后数日，巴黎发生了"二月革命"。这场革命主要是由于平民对国王路易·菲利普以及他的"七月王朝"不满所致。这场动乱更加坚定了肖邦离开巴黎的决心，4月底，身体虚弱的肖邦终于抵达了伦敦。

初到伦敦的肖邦住在他的苏格兰女学生史塔林家中，依旧以教授学生为生。

⬆ 维多利亚女王

1848年5月13日，肖邦在斯坦福大厅中晋见了维多利亚女王以及其丈夫阿尔伯特亲王。肖邦在一封家书中描述了眼前的一切："楼梯以其华丽著称。大厅中装饰着异常精美的绘画、雕塑、柱廊、地毯……在耀目的灯火下，她（女王）珠光宝气，缎带点缀，那些皇亲贵族穿着吊袜带和女王一起走下楼梯，下楼的姿态极为雍容优雅……"

6月至7月，肖邦陆续举办了两场个人音乐会。他演奏了自己的大量作品，如练习曲、玛祖卡、夜曲、圆舞曲等。肖邦轻柔纤雅的演奏风格立即博得了听众的好评。在肖邦手下，钢琴发出的乐音忽而轻柔徐缓，忽而华丽绚烂，忽而忧郁伤感，忽而又激烈威严。可以说，肖邦令伦敦的听众们欣喜若狂。

8月，肖邦在史塔林的陪伴下离开了伦敦，他们乘坐火车赴爱丁堡。然而，在这个世界上，天才也像普通人一样，

⬆ 据说肖邦抵达英国后，曾在圣詹姆斯宫（上图）为维多利亚女王奉献了一场精彩的演出。

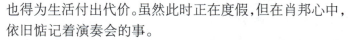

也得为生活付出代价。虽然此时正在度假,但在肖邦心中,依旧惦记着演奏会的事。

在接下来的两个多月里,肖邦为了生计而不停地奔波于英国的各个城市、各个城堡之间,但他的身体却不容许他再这样继续下去。他感到自己愈来愈虚弱,甚至连穿衣服都感到费力。10 月 31 日,肖邦终于回到了伦敦。

逝　去

肖邦去世前的最后几年中,他的创作力大大衰退了。其中的原因是多方面的:波兰民族运动的数次受挫,使对祖国一直抱有高度期望的肖邦在精神上受到了沉重打击,从而陷入了消沉的情绪中;与乔治·桑的爱情破裂,亲人的相继去世,自己健康的恶化……这一切都加重了他的悲哀和孤独。这一时期肖邦留给后人的仅有 8 首玛祖卡舞曲和 2 首夜曲。但即便是在自己生命的最后时光中,肖邦的心也一直与祖国紧密相连。

肖邦一生走了许多地方,举行了无数次的音乐会,然而,将近 1848 年年底时,肖邦却开始思念起巴黎,这种思念比任何时候都强烈,而此时,肺病已经折磨得他难以忍受。在朋友的陪伴下,肖邦终于回到了巴黎,他搬进了位于文东街 12 号的一所宽敞的公寓中。1849 年春天,肖邦搬到巴黎近郊的夏洛特疗养。他一天比一天虚弱,他预感到,死神将要降临。这年 10 月 17 日,肖邦终于走到了生命的尽头,那一年,他 39 岁。

在肖邦生命的最后时刻,他无力地躺在床上,周围是他最亲密的朋友,女高音歌唱家黛尔芬娜用歌声为肖邦送别。

肖邦的一生,充满了对祖国始终不渝的热爱。正是这种热爱使肖邦说出了他的遗愿:"我知道,帕斯凯维奇决不允许把我的遗体运回华沙,那么,至少把我的心脏运回去吧。"肖邦逝世后,他的遗体按他的嘱咐埋在巴黎的皮耶——拉雪兹墓地,紧靠着他最敬爱的作曲家贝里尼的墓旁。那只从华沙带来的银杯中的祖国泥土,被撒在他的墓地上。

大 事 年 表

1810 年	3 月 1 日，出生于耶里亚左瓦·沃里亚庄园。
1818 年	第一次公开演出。
1823 年	进入华沙中学接受正规教育。
1826 年	进入华沙音乐学院。
1828 年	在柏林创作出《波兰旋律大幻想曲》和《克拉科维克回旋曲》。
1829 年	意大利小提琴演奏家帕格尼尼来到华沙演出。创作出《A 大调变奏曲》。
1830 年	创作出《f 小调钢琴协奏曲》《e 小调钢琴协奏曲》。
1832 年	在巴黎举行第一场音乐会。
1835 年	在巴黎举行两次公开演奏会。同年创作《A 大调圆舞曲》。
1836 年	结识法国女作家乔治·桑，与其相恋 10 年之久。
1838 年	前往马霍卡岛的帕尔马休假。在岛上肖邦患上肺病，期间创作出多首前奏曲。
1842 年	创作两首玛祖卡舞曲、《G 大调夜曲》、《升 F 大调即兴曲》等。11 月回到巴黎。
1848 年	与乔治·桑分手。在巴黎举行最后一次公演，演奏了升 F 大调作品《船歌》，随后动身赴英国伦敦。年底回到巴黎。
1849 年	10 月 17 日逝世，年仅 39 岁。

约翰·施特劳斯

无论在世界的任何角落，你都会发现，每当《蓝色多瑙河》那优美轻盈的旋律响起时，人们就会心潮澎湃，情不自禁地想随着音乐翩翩起舞。而这首极富魅力的圆舞曲便是被誉为"圆舞曲之王"的小约翰·施特劳斯众多优秀作品中的一部。

小约翰·施特劳斯是一位天才的圆舞曲旋律的创造者。一个半世纪以来，无论时代变迁，人世沧桑，维也纳总是用音乐迎接新的一年。每当新年的钟声敲响时，小约翰·施特劳斯的音乐总会响彻维也纳著名的金色大厅，与此同时，这些欢畅的旋律也总会通过电波流淌到世界的每一个角落。小约翰·施特劳斯与他的音乐将会永留人间。

音乐世家

1847 年 12 月 3 日,一场庆祝新年即将到来的音乐会正在维也纳郊外的一个露天舞台举行。一曲曲欢快的乐曲将音乐会带向高潮,欢快的人们载歌载舞,尽情地享受着上帝赐予他们的权利——无论他们是高贵还是卑微、贫穷还是富有。这场使人们忘记疲劳和烦恼的音乐会一直持续到天亮。而整个乐队的指挥便是老约翰·施特劳斯——辉煌的施特劳斯音乐家族的创始者。

老约翰·施特劳斯出生于维也纳郊外的一个贫苦人家。苦难的经历和不幸的家庭遭遇使老约翰·施特劳斯成为了一个出色的音乐大师。他一生写过 150 多首圆舞曲,几一首波尔卡和进行曲。但他的最大功绩,是他和作曲家约瑟夫·兰纳一起,共同奠定了维也纳圆舞曲的基础。因此,老约翰·施特劳斯被人们称之为"圆舞曲之父"。

1825 年 7 月 11 日,老约翰同安娜在维也纳的利希腾塔尔教堂举行了婚礼。这年 10 月 25 日,在维也纳罗夫兰诺大街 46 号一座简陋的旧式房子里,他们的第一个孩子出世了。当时,这位年轻的父亲把自己的名字给了长子,这就是被后人称为"圆舞曲之王"的小约翰·施特劳斯。如果父亲当时能预料到日后儿子的名声将会超过自己的话,也许他便不会让儿子沿用自己的姓名了。继小约翰·施特劳斯之后,安娜又生了 4 个孩子——约瑟夫、安娜、特蕾莎、爱德华。

然而老约翰·施特劳斯的妻子并不幸福,她的丈夫迷上了一位美丽的女人艾米丽,并和她生儿育女。

1834 年,就在小约

📖 老约翰·施特劳斯是维也纳圆舞曲体裁的奠基人之一。

📖 老约翰·施特劳斯在维也纳的演奏

翰·施特劳斯 9 岁时，老约翰的事业达到了顶峰。老约翰·施特劳斯忙于在欧洲各地巡演，继而征服了几乎整个欧洲——柏林、巴黎、伦敦……

父亲的音乐生涯深深地感染着小约翰·施特劳斯这个天赋颇高的聪颖孩童。由于家庭环境的影响，小约翰·施特劳斯 6 岁时便在钢琴上弹奏出自己构思的第一首圆舞曲《第一个想象》。此曲虽然稚嫩、生硬，但已闪现出不同凡响的才华。

当时，老约翰·施特劳斯已从中看到了儿子的音乐天赋，这使他感到不安，因为他并不希望儿子步其后尘；而细心的母亲却为孩子在音乐上的早熟感到骄傲，母亲悄悄地记下了孩子的这首处女作。

也许老约翰·施特劳斯已本能地意识到小约翰惊人的音乐才华将会"青出于蓝而胜于蓝"，所以一种潜在的威胁使他对儿子疑忌重重，并产生出深深的恐惧。只要他看到儿子在练琴，就会变态般地用鞭子狠狠地抽打小约翰，甚至没收了小约翰的小提琴，禁绝了孩子的一切音乐活动。这时的父亲似乎已经忘记了自己在少年时也曾对音乐富有的渴望之情。

然而母亲理解儿子的心。她从微薄的家庭生活费中省出钱来请教师给小约翰上音乐课，她甚至还雇用了丈夫乐队中的首席小提琴师来指导小约翰，并使小约翰有机会跟随一位维也纳有名望的音乐作曲家学习音乐理论以及作曲知识。母亲从一开始就在指引小约翰踏入音乐殿堂，希望他有朝一日能向自己的父亲挑战。

年轻时的小约翰·施特劳斯

小约翰·施特劳斯幼小的心灵中孕育着音乐的嫩芽。他已经离不开音乐了。15 岁时，小约翰便像当年那个逃离书籍装订作坊的父亲一样，因在校表现不佳而被学校开除了，理由是他在上课时作曲并唱歌。

离开学校的小约翰被父亲送到银行里任职，可是小约翰仍旧在私下里偷偷地学习作曲。当父亲每天早晨为晚上演奏的乐曲写谱、预奏时，他便默默地坐在屋角聆听着，记诵着。当父亲离家演出时，他便借机狂热地抒发着对音乐的感受，偷偷演奏父亲的作品。

世界大艺术家成功故事

1844 年，年仅 19 岁的小约翰公开违抗父命，投身于音乐界。他和一些爱好音乐的朋友们合作，组建了一支小小的乐队。

"施特劳斯"乐队

1844 年小约翰·施特劳斯在维也纳公众面前的首次公演的宣传海报

1844 年 10 月 15 日，维也纳"最壮丽的建筑"——多姆迈尔游乐场的大厅已经爆满，人们争相目睹 19 岁的小约翰·施特劳斯在维也纳公众面前的首次公演。此前，酷爱圆舞曲的维也纳人只知道兰纳和老约翰的名字。小约翰·施特劳斯在维也纳演出的消息轰动了全城。儿子居然公开挑战父亲，整个维也纳一片哗然。

演出照例是以法国作曲家奥柏的一首《波尔蒂契的哑女》歌剧序曲开始，这似乎是遵循一种家族的传统。接下来小约翰演奏的是自己创作的《寓意短诗圆舞曲》。轻快美妙的旋律使听众们欣喜若狂。最后，在如痴如醉的听众们的一再要求下，这首乐曲竟被连续演奏了十几遍。

当人们还在为刚才的乐曲欢呼时，乐队又奏起了柔和的乐章。随着乐曲的展开，一支莱茵河畔的迷人歌声在夜空中回荡。听众们简直不敢相信自己的耳朵，这不是老约翰·施特劳斯的《罗列莱——莱茵河之声》吗？小约翰充满柔情的演奏，使听众们不由得热泪盈眶，这似乎也是小约翰·施特劳斯在请求父亲宽恕的声音。据说，老约翰·施特劳斯获悉了演出盛况后，他"流下了华尔兹的眼泪"。这位华尔兹王国唯一君主的地位此时受到了强有力的挑战。

小约翰·施特劳斯第一次演出的多姆迈尔游乐场

自 1849 年小约翰继承了父亲的事业起，整整 4 年，他几乎每晚都是在创作与演出中度过。这样的情况对他的健康极为不利。在医生的劝说下，他决定去温泉疗养，以帮助恢复体力。

1853年,小约翰说服了弟弟约瑟夫代替自己管理乐队,这样他就可以放心地去疗养了。7月,约瑟夫在施佩尔娱乐场的花园里作为施特劳斯乐队的指挥首次登台亮相了。对于未学过指挥、小提琴演奏和作曲的约瑟夫来说,他指挥得很出色,这位新登台的施特劳斯家族成员看来很有音乐天赋。此后,约瑟夫就将作曲与指挥视为了毕生的事业。

不久,休假归来的小约翰将父亲和自己的乐队进行合并,并说服了弟弟约瑟夫和爱德华一起参加乐队的工作,最终,三兄弟建立了以自己家族命名的"施特劳斯"乐队。

从1854年到1865年,施特劳斯乐队几乎垄断了维也纳的音乐会和舞会。他们的足迹遍布欧洲各地,所到之处皆获得了轰动性的成功。

1854年,年仅30岁的小约翰和俄罗斯铁路局签订了演出合同,每年5月至9月,施特劳斯乐队都将在彼得堡近郊的巴甫洛夫斯克公园举行盛大的音乐会。这一消息吸引着成千上万的乐迷涌向彼得堡,争相一睹"维也纳魔术师"的风采。而小约翰·施特劳斯也因出色的演出获得了很高的奖赏——沙皇颁发的一枚高级奖章。

1860年,小约翰·施特劳斯仅以30分钟便写出一首《加速圆舞曲》。据说,当时小约翰·施特劳斯应维也纳大学工学院学生之邀,为当天晚上的学生舞会创作一首圆舞曲,但忙碌的小约翰差点忘了此事,于是在一位委员会成员的提醒下,他在一张菜单上用了30分钟时间便写出了这首非常动听的乐曲。

1862年,小约翰·施特劳斯清新活泼的《晨报圆舞曲》问世了。这首圆舞曲的曲名与法国著名轻歌剧作曲家奥芬巴赫的《晚报圆舞曲》相对应,带有分

小约翰·施特劳斯和约瑟夫、爱德华共同建立了以自己家族命名的"施特劳斯"乐队。在维也纳,他们举办了不知多少场欢声雷动的音乐会。他们几乎垄断了维也纳的音乐会与舞会,赢得了巨大的声望。

🎵 爱德华·施特劳斯

庭抗礼的色彩。两首圆舞曲初演时，奥芬巴赫的《晚报圆舞曲》较受欢迎，但随着时间的考验，流传至今的却是这首《晨报圆舞曲》。

随着乐队在四处巡演，约瑟夫也有了不小的成就。他通过自己的勤奋，学会了拉小提琴，并开始演奏自己的作品。约瑟夫·施特劳斯一生创作了近 300 首作品，多以钢琴小品和舞曲为主，音乐风格与小约翰·施特劳斯极其相近。其代表作有《奥地利乡村的燕子圆舞曲》《天体之音乐圆舞曲》，以及同小约翰共同创作的别具一格的千古佳作《拨弦波尔卡》。只可惜，约瑟夫只活了 43 岁便离开了人世。

至于小约翰的另一个弟弟爱德华，虽然他的作曲天赋远不如两位哥哥，然而他却是一个真正善于表演的指挥家。他长得眉清目秀，喜穿漂亮的黄色大衣，手戴白色手套，留着山羊胡须，酷似"拿破仑三世"。

"圆舞曲之王"

1862 年 8 月 27 日，小约翰·施特劳斯与相恋多年的亨利艾特·特雷夫茨结合了。亨利艾特是当时维也纳颇受欢迎的女歌唱家，比小约翰·施特劳斯年长 7 岁。

婚后，夫妇俩住在普拉特大街 54 号，在那里，小约翰·施特劳斯享受着家庭的安宁和幸福。亨利艾特为小约翰解除了日常生活的一切忧虑，使他感到了生活的惬意。她为他起草信函，管理账目，使他免受外界的干扰，她还为丈夫精心策划了一场场在维也纳以及出访国外的演出。她成为了丈夫最强有力的后盾。

虽然这场婚姻在最初时总令人们担心，然而事实证明，不仅在爱情方面，而且在艺术方面两人都是令人称羡的一对。

1867 年，小约翰·施特劳斯创作了最具代表性的圆舞曲杰作《蓝色多瑙河》。那是在普法战争期间，整个维也纳笼罩在郁闷的战争气氛中。为了缓解这种低调的情绪，小约翰·施特劳斯应维也纳男声合唱团的指挥赫贝克之邀，写一部激励民族精神的合唱曲作品。这时，小约翰·施特劳斯想起了匈牙利诗人卡尔·贝克的一首爱情诗的末句：

🎵 亨利艾特·特雷夫茨

世界大艺术家成功故事

你多愁善感，

你年轻、美丽、温和柔顺，

犹如矿中闪闪发光的金子，

真情就在那儿苏醒，

在多瑙河旁，

美丽的蓝色的多瑙河旁。

诗句那流畅的音节使小约翰·施特劳斯受到了强烈的感染。于是小约翰就将"蓝色多瑙河"作为合唱曲的标题，而且把它化入了乐曲的序奏之中，使人们在乐曲的开始就联想起汩汩奔流的多瑙河。

然而，这部日后被称为"奥地利第二国歌"的不朽名作，在首次演出时，却反响一般。其原因是这首作品的歌词搭配过于粗俗简陋；另一个原因是因为1866年奥地利在普奥战争中战败，而这首作品的内容却呼唤人们寻欢作乐，显得十分不合时宜，因此没有获得预期的效果。

第二年7月30日的巴黎"世界博览会"上，小约翰·施特劳斯将它改编为管弦乐曲，并亲自指挥了不带合唱的管弦乐演奏。随着那轻轻的序奏音乐的展开，犹如来到黎明前晨色朦朦的宁静河岸，紧接着，情绪活跃起来，跌宕起伏，奔流泻出，仿佛令人看到了微波荡漾的蓝色多瑙河，继而又渐渐归于一种充满诗情画意的宁静之中……令人陶醉的旋律犹如多瑙河水，时而平静如镜，时而浪花飞溅，在音乐上形成了一定的对比，给人以无限遐想的余地。这首乐曲既保留了奥地利乡村舞曲的民族特点，又加入了维也纳城

《蓝色多瑙河》乃"圆舞曲之王"小约翰·施特劳斯最负盛名的圆舞曲，德语曲名翻译为"在美丽的蓝色多瑙河上"，人称"奥地利的第二国歌"。

《蓝色多瑙河》演出海报

市音乐的浪漫主义新特征。尤其值得注意的是作品的尾声，小约翰大胆地引进了一些新的主题素材，使得尾声宏伟而又热烈。乐曲结束了，可听众们却依然陶醉在乐曲那欢腾的气氛里，一阵沉默之后，全场爆发出了雷鸣般的喝彩声。

《蓝色多瑙河》在巴黎的首演，成为了这届博览会上一大轰动事件。这部作品在艺术上的伟大成就得到许多伟大音乐家的肯定。瓦格纳说："这首乐曲在优美、精致和真正的音乐方面，超过了当时的许多作品。"勃拉姆斯则在小约翰·施特劳斯夫人的扇子上写下了《蓝色多瑙河》的旋律，并由衷地感叹道："可惜这不是勃拉姆斯所作。"

1868年，小约翰·施特劳斯仅用了一周时间就创作出著名的《维也纳森林的故事》圆舞曲。其明丽的田园气息和轻松的音乐氛围与奥地利乡村民间音乐联系在一起，犹如一幅以维也纳近郊的森林为背景的美妙的音乐水彩画。小约翰把维也纳森林的场景和舞蹈的场面描绘得绘声绘色，形象鲜明生动。这首圆舞曲的结构同《蓝色多瑙河》一样，也有一段描写性的长引子，而它那规模宏大的尾声以及其中相继呈示的5首圆舞曲，则使乐曲犹如一首真正的交响诗篇。

乐曲开始时，法国号的音色显然是在模仿一种民间乐器——风笛，而单簧管的流畅旋律又好像牧笛的吹奏，这样寥寥数笔就已把作品的背景——维也纳的大森林描绘了出来。随后，整个乐队不断重复一种舞蹈的节奏型，逐渐掀起一阵音乐的浪潮，似乎人们已经成双结对地在树荫下摆出了美酒佳肴，准备宴饮欢舞了……

整部乐曲的5首圆舞曲，可以说一首比一首迷人，到处充满着温柔的诗意和蓬勃的朝气。《维也纳森林的故事》，像春日的阳光那般明媚、温暖，它是对青春和爱情的热情赞颂，它的魅力经久不衰。

此外，小约翰还写了《艺术家的生活圆舞曲》，这首曲子除了旋律动听之外，它也使艺术家们感到亲切无比，因为它所描绘的正是艺术家们自己的生活。

最终，小约翰·施特劳斯的圆舞曲征服了人们的心灵，并在音乐史上占据着重要的地位，从而奠定了他"圆舞曲之王"的地位。他不仅在维也纳获得了极高的声誉，甚至在整个欧洲都获得了极高的评价。他率先扶持最新的俄国民族音乐作曲家格林卡，将其音乐作品介绍和传播给维也纳人民。他还指挥演出了彼得堡音乐学院学生柴科夫斯基的作品，并给予了他大量的支持和鼓舞。

在音乐史上，每一位受人敬仰的作曲家的作品都蕴涵着清澈、简洁、明智、热情和活力，而小约翰·施特劳斯则更是如此，他为人们播撒着无数的希望和快乐，他的音乐扣动着人们的心弦，他当之无愧地成为了奥地利的骄傲。

《维也纳森林的故事》是小约翰　施特劳斯献给故乡的赞誉。

民族圣物 ——《蝙蝠》

对于19世纪的欧洲人来说，美洲是一片神秘的"新大陆"，欧洲人虽然嘲笑那里没有文化传统，但却希望征服那遥远的"新大陆"。

1872年，小约翰·施特劳斯在征服了欧洲之后，也把目光投向了美洲那个陌生的国度。

1872年6月17日，美国波士顿的"世界和平联欢节"开幕。波士顿和平节的组织者向小约翰·施特劳斯发出了邀请。为了迎接这位"圆舞曲之王"的到来，美国方面特别建造了一座可以容纳2万人的舞台和10万观众的大音乐厅。此外，热情的主办者还为音乐会筹备了一支由近2000

世界大艺术家成功故事

名乐师和 2 万人组成的合唱团。在表演场的后面还安放了 16 门礼炮，每门礼炮都用电线同安置在指挥台上的电钮相连接。小约翰·施特劳斯出任这个庞大乐队的总指挥。

当音乐会开始时，小约翰·施特劳斯站在总指挥的高台上，忽然礼炮响起，这预示着音乐会将正式开始。100 名副指挥用望远镜注视着他，每当他做出一个手势时，这 100 名副指挥就尽可能急速地仿效并把他的每一个动作转达给自己管辖的演员，而遇到强拍时，整个乐队音响四起，人们似乎陷入战场之中。

在 10 万观众面前，素来强调音节准确的小约翰·施特劳斯只好指挥了十几场如此混乱的演出。这种经历不仅使小约翰·施特劳斯一生都难以忘怀，而且也成为音乐史上罕见的盛举。小约翰·施特劳斯由此成为了轰动美国的英雄人物，"使人迷醉的小约翰·施特劳斯"当之无愧地成为了这场联欢节"无可争议的国王"。

同年 7 月，小约翰·施特劳斯在纽约又指挥了 3 场引起轰动的圆舞曲音乐会，然后便载誉告别了"新大陆"。

从 19 岁踏入音乐舞台开始，小约翰·施特劳斯几乎一直在荣誉与掌声中度过。然而，一个人的才华毕竟有限，他不可能在所有领域都尝试成功，小约翰·施特劳斯也不例外。19 世纪 70 年代，由于轻歌剧在维也纳的兴起，促使小约翰·施特劳斯也萌发了创作轻歌剧的念头。但在他所创作的 16 部轻歌剧中，只有 1874 年推出的轻歌剧《蝙蝠》和 1885 年完成的《吉普赛男爵》获得了极大的成功。

🔲 小约翰·施特劳斯的轻歌剧《蝙蝠》的演出剧照。

《蝙蝠》起源于法国剧作家梅拉克和哈莱维的三幕戏剧《圣诞节晚餐》，其后，维也纳剧院的经理斯坦纳买下了这个脚本，并根据出版商莱维的建议，把它改编成了适于小约翰·施特劳斯的轻歌剧脚本。

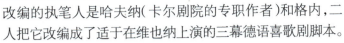

改编的执笔人是哈夫纳(卡尔剧院的专职作者)和格内,二人把它改编成了适于在维也纳上演的三幕德语喜歌剧脚本。

莱维确实很有眼力,他断定这个题材非常适于小约翰,而小约翰也仅用了42天时间,到1874年年末就一气呵成地完成了作曲任务,使它成为了一部内容精彩的轻歌剧。

1874年4月5日,《蝙蝠》首演于维也纳剧院,小约翰·施特劳斯亲自指挥了该剧的首场演出并大获成功。

小约翰·施特劳斯在创作轻歌剧《蝙蝠》时融进了最优秀的圆舞曲旋律,它优美、典雅而又充满了丰富和令人陶醉的旋律。一位作家曾经说过:"小约翰用他的天才,化腐朽为神奇,使轻歌剧成为了一件精美绝伦的艺术品。"

歌剧《吉普赛男爵》

1878年4月8日,妻子亨利艾特心脏病突发猝然去世,对小约翰·施特劳斯的打击很大,他感到一种不可名状的恐惧。小约翰·施特劳斯不愿承认残酷的事实,他甚至连妻子的葬礼也没有参加而是躲到了意大利,直到几个月后,他才有勇气回到维也纳。

后来,小约翰·施特劳斯爱上了一位比自己小25岁的莉莉·安特里克,并举行了婚礼。然而,他们的生活并不幸福,他们总是无休止地进行争吵,这使在事业上一帆风顺的小约翰·施特劳斯感到无能为力。于是,1882年12月,两人终于分手了。

这段不幸的婚姻生活就好像小约翰·施特劳斯那首《北海风光》圆舞曲一样,充满了阴晴变幻的风风雨雨。

婚姻的失败搅得小约翰·施特劳斯心烦意乱。然而,这位鼎鼎大名的音乐家却无需为情感所烦恼,因为音乐之美使他的身上散发出某种特殊的魅力,这种魅力总能吸引女性。没多久,小约翰·施特劳斯结识了一位

🎵 小约翰·施特劳斯的画像

↑ 阿黛尔像

美丽的寡妇阿黛尔。阿黛尔是一位银行家的女儿，她在丈夫死后同年幼的女儿一起过着平静的生活。

但两人的结合遇到了很大的困难。按照奥地利天主教婚姻法，只要莉莉还活着，小约翰就不能结婚。此外，阿黛尔还是犹太人。后来小约翰和阿黛尔决定脱离奥地利国籍，改信基督教。1883 年 8 月 15 日，小约翰·施特劳斯和阿黛尔在德国完婚。维也纳宫廷人士对小约翰·施特劳斯的这一做法颇为恼火，直到他逝世都未原谅他。

此时的小约翰·施特劳斯已经 58 岁了，然而，阿黛尔的爱情却使他恢复了青春的活力。阿黛尔替丈夫管理着全部的事业，她温柔文静地陪伴在丈夫的身边，使小约翰·施特劳斯写出了他晚年的最后一批杰作。

1885 年，小约翰·施特劳斯创作出一部与《蝙蝠》同样深受广大观众欢迎和喜爱的作品《吉普赛男爵》。早在两年前，小约翰·施特劳斯为了上演自己的作品到布达佩斯时，在那里结识了匈牙利作家约卡伊斯。于是他委托约卡伊斯根据其本人的小说《莎菲》改编歌剧脚本，但是约卡伊斯改编后的脚本并不适于谱写轻歌剧，所以这个本子后又由什尼泽尔做了彻底的修改，才成了今天《吉普赛男爵》的

↑ 《吉普赛男爵》海报

脚本。这部歌剧的创作，对于小约翰·施特劳斯来说也是少有的例外，他前后共用了两年才最后完成作曲，并于 1885 年 10 月 24 日，即小约翰 60 岁诞辰的前夕，在维也纳剧院举行首演。作品中小约翰·施特劳斯除以特有的维也纳式的轻松气氛酿成愉快的情绪外，那种充满匈牙利情趣的异国情调，也为其增添了很多异彩。

《吉普赛男爵》的情节是围绕下面的故事展开的。18 世纪中叶迈切尔州的一位土耳其总督，为奥地利军队所迫逃亡了。但传说他曾在当地豪族巴林凯家的住宅内埋下了巨额财产。而且他为了

自身的安全,又把刚生下来的女儿托付给了吉普赛女人齐普拉。他的这个女儿莎菲异常美丽,现在成为了吉普赛部落中的"吉普赛女王"。另外,巴林凯由于被人怀疑私通土耳其,所以已经离家逃走,他的住宅和土地全都荒芜了。现在代替巴林凯在这个地区拥有势力的,是没有文化的大财主,养猪人舒班。他的贪欲大得出奇,正在暗地里想方设法把巴林凯的财产弄到手。

歌剧情节就是从这里开始的。这部作品在维也纳剧院排演时,人们对它能否成功持很大怀疑。然而首演却取得了极大的成功。《吉普赛男爵》成为了小约翰·施特劳斯轻歌剧中最重要的作品。

尽管由于阿黛尔的缘故,这位杰出的奥地利人成了萨克森(德意志旧省名。1952年,民主德国将萨克森分为莱比锡、德累斯顿和开姆尼茨城三区)的公民,但他依然受到维也纳人的推崇。1884年,为纪念小约翰·施特劳斯首次演出40周年,维也纳市民放假一周,全市为其悬挂国旗,以示庆祝。

在音乐中逝去

约翰奈斯·勃拉姆斯是浪漫主义中期德国作曲家,生于汉堡,逝于维也纳,他的大部分创作时期是在维也纳度过的,是维也纳的音乐领袖人物。

晚年的小约翰·施特劳斯对社交聚会充满了厌恶,常常将自己封闭起来,他的大部分时间是在温泉圣地伊施尔度过的。在伊施尔温泉做客的名人灿若繁星,有梅耶贝尔、布鲁克纳、马勒……从1889年起,德国作曲家勃拉姆斯开始定居于伊施尔,他的住处和小约翰·施特劳斯的寓所只有一墙之隔。这两位伟大的音乐家常常在一起散步,共赏佳景。1893年,小约翰·施特劳斯把他所作的《拥抱起来,亿万人民》圆舞曲献给了勃拉姆斯。这首圆舞曲的标题,取自德国诗人席勒的《欢乐颂》。

虽然已近暮年的小约翰·施特

劳斯的生活比早年发生了极大的改变,可是他的创作欲望并未减退。他时时处处都在作曲,无论白天或是黑夜,也无论是外出时或是休息时,只要乐思涌现,他会随时随地将其记录下来。如《我十分怀恋我已逝去的幸福》圆舞曲是他在床单上谱写的,而《梦境》和《家庭交响曲》则是他在睡意蒙胧中迷迷糊糊地口授,由妻子阿黛尔记下来的。说到此处,我们必须感谢细心的施特劳斯夫人,她总是在住所的许多角落都放了纸和笔,并总在丈夫的裤兜和上衣口袋中装进纸和笔,从而使小约翰·施特劳斯的一些珍贵的音乐作品得以留存下来。

1889 年,已经衰老的小约翰·施特劳斯又一次给世人带来了惊喜,他创作出旋律华丽、气势宏伟的《皇帝圆舞曲》。这首舞曲是为庆贺皇帝弗兰茨·约瑟夫一世即位 40 周年而创作的,整首圆舞曲的风格庄重富丽。年近六旬的作曲家亲自指挥了这部圆舞曲在柏林皇宫花园舞厅的首演。1899 年,即小约翰·施特劳斯生命的最后一年,他开

始涉足芭蕾舞剧。小约翰·施特劳斯计划以萨尔兹堡一位名叫阿科尔曼的作者所写的故事为创作脚本。那是一部讲述了现代灰姑娘的故事,发生在一家百货商店里。王子变成了经理,灰姑娘变成了制帽女工的继女。然而,这部芭蕾舞剧的创作只进行了一半,小约翰·施特劳斯就永远地告别了人世。

那是 1899 年 5 月 22 日,为了庆祝奥地利传统圣灵降临节,维也纳宫廷歌剧院特别安排了一场《蝙蝠》的演出,74 岁的小约翰·施特劳斯亲自指挥了这部长久不衰的歌剧中的序曲部分。

演出结束后,兴奋的小约翰·施特劳斯没有坐马车,而是从歌剧院步行回家,他要放松一下这愉快演出后的劳顿,领略这怡人的春天气息。

5 月的维也纳,紫丁香的芳香四处飘散着,

奥地利皇帝弗兰茨·约瑟夫一世

小约翰·施特劳斯漫步在宁静的小道上,《蝙蝠》的乐曲声仿佛仍在他的耳边回响……

6 月 1 日,小约翰·施特劳斯开始发高烧而且持续不退,医生诊断为肺炎。尽管这样,他还是披上厚厚的罩袍,

坚持伏案为他的第一部芭蕾舞剧《灰姑娘》谱曲。最后他终于倒下了，他一边昏迷不醒说着胡话，一边痛苦地喘息着，这时阿黛尔似乎从他的口中听到了一支古老而轻柔的歌曲：

小朋友，我的小朋友，

现在我们只得分手了……

无论艳阳多么明媚，

终也有下山的时候……

6月3日，74岁的小约翰·施特劳斯终于告别了这个他永远眷恋并为之播撒了无数快乐的人世……

1899年6月3日下午，维也纳公园中响起了那首留芳百世的《蓝色多瑙河》的优美旋律，速度是那么的徐缓，音量始终没有高出叹息的声音……人们默默地哀悼着这位维也纳最伟大的音乐家。

小约翰·施特劳斯的遗体被安放在维也纳公墓，他的身旁躺着许多伟大的音乐家：勃拉姆斯、舒伯特、贝多芬……

在音乐长河中，由施特劳斯家族开创的"维也纳圆舞曲"的时代，其光彩与魅力历经了一个多世纪依然灿烂生辉。小约翰·施特劳斯以毕生的精力与智慧谱写了数量庞大的音乐作品——圆舞曲、轻歌剧、将近500部管弦乐作品、波尔卡舞曲等。

《蓝色多瑙河》、《艺术家的生涯》、《维也纳森林的故事》、《女人、音乐、美酒》、《春之声》、《皇帝圆舞曲》……所有这些音乐作品像天空中响起的巨雷，又像在多瑙河畔翠堤上听到春的脚步声，使人们忘却了人生的忧患，对未来充满了欢乐和希望。人们永远欣赏、欢迎和喜爱他的作品，而且一直在严肃的音乐会上为他的音乐杰作争取一席之地。

我们有理由相信，虽然小约翰·施特劳斯离开了我们，但他的精神和他那富有魅力和使人着迷的音乐，却永远留在人间。

🎵 在维巴纳市立公园内有一尊小约翰·施特劳斯的全身塑像。手拉小提琴的小约翰·施特劳斯透露出古典的韵味和悠长的咏叹。

大 事 年 表

1825年	10月25日,小约翰·施特劳斯出生。
1831年	创作出自己构思的圆舞曲《第一个想象》。
1844年	小约翰·施特劳斯在维也纳多姆迈尔游乐场举行首次公演。
1860年	创作佳作《加速圆舞曲》。
1862年	同比他大7岁的亨利艾特·特雷夫茨结婚。
	创作出清新活泼的《晨报圆舞曲》。与约瑟夫·施特劳斯共同创作《拨弦波尔卡》。
1867年	创作《蓝色多瑙河》圆舞曲。
1868年	创作出著名的《维也纳森林的故事》圆舞曲。
1872年	在美国波士顿指挥了十多场引起轰动的音乐会。
1874年	创作轻歌剧《蝙蝠》。
1878年	妻子亨利艾特病逝。
1883年	与阿黛尔在德国结婚。
1884年	为纪念小约翰·施特劳斯首次演出40周年,维也纳市民放假一周。
1885年	创作了一部以匈牙利故事为题材的轻歌剧《吉普赛男爵》。
1889年	创作了气势宏伟的《皇帝圆舞曲》。
1899年	6月3日,小约翰·施特劳斯病逝,被安葬在维也纳公墓。

莫 奈

莫奈是印象派画家中获得成功的第一人，是亲眼看到印象派真正胜利的唯一的印象派画家。他亲身感受着印象派绘画的孤立与轰动，也亲眼目睹了社会的进步和世界文明的走向。

作为19世纪前卫画家的仅存硕果，莫奈总是担心有一天自然会被绘画所抛弃，他觉得自己负有责任提醒后继者更多地关注大自然赋予人类的美好景色，并以身作则，笔耕不辍。

他的朋友塞尚说得好："莫奈只不过有一双大眼睛，可是我的天，那是多么了不起的眼睛啊！"

得志少年

1840年11月14日，克鲁德·奥斯卡·莫奈出生在巴黎拉费特街一个普通的家庭里。1845年，他全家移居到勒阿佛尔港。童年时期，莫奈就显示出对绘画的特殊爱好。他时常在海边眺望大海与多变的天空，他被自然陶冶成放任不羁的性格，学校在他眼中像监牢。他常用笔记本给老师画速写，画得极不恭敬而且不成样子。莫奈就这样很快地从这种玩耍中积累了大量技巧，15岁时已成为当地颇有名气的少年讽刺画家，很多人都来让他画漫画像。大量的订单鼓励他做出了一个使他的家庭为人非议的大胆决定：以画肖像来挣钱。

17岁的莫奈很快地成为了一名"城里的要人"。在画框店的橱窗里，他的漫画四五幅一列地骄傲地陈列着。就在这时，他认识了在画框店里，挂在他的作品上面的海景的作者布丹。在布丹的影响下，莫奈选择了做一个真正的画家。

1859年，莫奈拿着自己画漫画肖像赚来的钱前往巴黎。在巴黎官方的沙龙画展上，他见到巴比松画家特罗容、杜比尼、柯罗等人的作品。经布丹的介绍，他带着自己的两幅静物画去拜访特罗容，特罗容督促他努力画素描，并推荐他到库退尔画室学习。但莫奈决定不听从这样的劝告，因为他不喜欢库退尔的作品。

莫奈在偶然去画画的画室中结交了许多的青年艺术家，经过他们的思想与自己新经验的互相交流，他的爱好巩固了，他的见识也更有辨别力了。1860年，莫奈在瑞士学院练画。这个"学院"并不是一间真正的学院，而是一个过去的模特开设的一间画室，地址在奥菲尔码头，靠近圣一米歇尔桥，在那里画家只要出一点钱就可以画真的模特。那里没有考试也没有课程，有许多风景画家都去研究人体解剖学。库尔贝、马奈都曾来过这里，毕沙罗有时也来，目的

📌虽然少年莫奈的学习成绩很差，但他却有着一种特殊的才华——画人物漫画。

是画些裸体画或跟一些朋友会面，莫奈很快地便结识了毕沙罗。

然而他们一起画画的机会不多了，因为莫奈的服兵役期已经来到。对于此事，莫奈并不担心，他的父母也是这样，他们之所以允许他按自己喜欢的方式去生活，只是因为他们以为可以在这个时候把他"抓"回来。那时服兵役是由抽签来决定的，要是谁抽中倒霉的号数，便要当 7 年兵。莫奈的父母以为只要莫奈肯向他们屈服的话，原是可以帮他"买"一名替身的，但是莫奈的态度很坚决。

卡米耶·毕沙罗（1830 年 7 月 10 日－1903 年 11 月 13 日），是一位法国的印象派画家。

他后来说："通过我个人的坚持，我便被派遣到非洲军团里去服役了。我在阿尔及尔度过了很美好的两年。我不断地见到一些新事物，在有空的时候，我很想把我所见的画下来。你不能想象我的知识已增加到什么程度，以及我从那里得到多少见闻。最初我不能十分理解它，在那里对光与色的印象直到后来才能分类，它们里面包含着我未来的研究的胚胎。"莫奈把军队生活和新的视觉经验结合了起来。

1862 年年初，莫奈在阿尔及尔因患重病，被送回家中休养。他在这 6 个月的疗养期中用加倍的精力作画。这时，父亲从部队里把他"赎了出来"。于是，莫奈又有机会在海滩上自由作画了。这期间他结识了琼康，并将其介绍给布丹，三人之间很快结下了深厚的友谊。

1862 年 11 月，莫奈进入了巴黎的格莱尔画室，他在这个画室中过得并不愉快。格莱尔指导他画人物时应该时常想到古希腊罗马的东西。对曾经从布丹和琼康那儿学的要忠实地记录所见事物的莫奈而言，这个劝告令他震惊，并且立刻在他和老师之间构筑起一道防线。然而莫奈并不是唯一使格莱尔不愉快的学生，此外还有雷诺阿、西斯莱与巴齐依，他们形成了一个四好友的集团，使自己跟格莱尔画室的多数学生隔离开来。莫奈成了朋友中的领导者，通过他，大家接触到学校之外的艺术生活，接触到新运动和新思想。

格莱尔所绘制的《埃及神庙》。格莱尔是法国 19 世纪古典主义画家。

崎岖处境中显露的光与影

1863 丹白露森林边缘的一个小村子，离巴比松不远，他们去了一个星期，在那以有巨大的橡树和如画的石头而著名的林子里作画。第二年春天，莫奈又来到舍依。

从 1864 年夏天起，莫奈到布丹的出生地——翁弗勒一起作画。每天莫奈都能发现愈来愈多美丽的东西，他的心中产生了有去画每样东西的渴望，他沉醉其中，即使其他人相继离去，他还是一再推延启程的日期。

莫奈在 1864 年年底带了许多幅画回到巴黎，他准备把其中的两幅海景送去参加官方沙龙。

1865 年 1 月，巴齐依在费尔斯坦勃洛 6 号租了一间画室，莫奈加入了巴齐依画室。莫奈两幅塞纳河上的风景作品在沙龙展览上展出，得到了一些评论家的赞赏。

莫奈又回到了舍依，他要画一幅巨大的画。这次同行者有布丹、库尔贝和惠斯勒，这是莫奈第一次真正在库尔贝身边作画。由于库尔贝的影响，莫奈开始喜欢用大幅画布，他画了一幅长达约 7 米的画，当莫奈在舍依给自己的大作品画最后几笔时，库尔贝来访，并建议做一些最后的修改。这时的库尔贝已经喜欢莫奈到给他以经济帮助的程度。然而莫奈对这幅画不满意，他把它从框子上拿下卷起来，便把它留在舍依，在那里，画开始腐烂。

🔥莫奈的《卡米尔》

莫奈在几天内另画了一个少女——卡米尔的大幅肖像。几年后，卡米尔成为莫奈的妻子。

1866 年沙龙，莫奈再次获得成功，他的《卡米尔》和《枫丹白露森林里的路》都入选了。左拉在一篇文章中给予莫奈极高的赞扬，他说："在人群里有一个人……一个精巧而有力的解释者，他已经知道怎样去表达细部而不致枯燥。"

莫奈继续全神贯注于他所谓的"对光与

色的效果的实验"，他决定画一些城市风景。他把一幅以泛神庙为背景的《公主花园》卖给了开颜料店的拉吐虚。当拉吐虚把它放在橱窗里展示时，漫画家杜米埃曾不耐烦地叫嚷着把这个"可怕的东西"拿出橱窗。连马奈也鄙视地对一些朋友说："看看这个年轻人，他企图画'外光'哩！好像古人曾经想过这样的事！"但是莫奈的计划更进一步，他现在要画一些大幅的画，画中的人物完全待在露天里。他在达弗莱城度过一个夏季，在他房屋的花园里掘出了一条壕沟，能够放下一幅大画布，以便他画上部。用这种方法莫奈画出了《花园里的女人们》。

《公主花园》

与此同时，莫奈也在为着生存而挣扎着。为了逃避债主，莫奈在完成他的大画《花园里的女人们》之后，于1866年秋天离开巴黎来到勒阿佛尔港。他用刀把不能带走的油画割破，大约有200幅。但是即使是这样做，他的画还是落在人家的手里，并被按30个法郎一捆卖掉了50捆。在勒阿佛尔港，莫奈并不能够把他的经济困难解决得更好些。接下来在画《勒阿佛尔港附近海滨的平台》时，莫奈不仅广泛地运用了在画《花园里的女人们》时所用的不混合的颜色，他还在各个部分使用短而小的笔触，这些笔触一点一点画到画布上，以求再现纹路和光的颤动。莫奈还曾经用同样的技法来画圣吉曼·罗克塞罗瓦教堂前面栗树的花，通过他的色彩，他的用笔，也通过他对自然的理解，莫奈克服了库尔贝的影响，并把库尔贝的"阔大的原则"改成了完全是他自己的看法和技巧。

《花园里的女人们》

就在这时，卡米尔怀孕了。结果，处在窘境的莫奈只好只身去了圣·阿德列塞姑母家里住，卡米尔则暂时留在巴黎而没有给她任何经济支持。

1867年晚秋，莫奈回到巴黎，仍然不名一文，他甚至买不起煤给卡米尔和孩子取暖，情绪非常沮丧。

1868年沙龙，莫奈又送了两幅作品，一幅落选，另一幅由于杜比尼的帮助而被接受，这使莫奈再次获得一些成功。然而，这些小小的成功并没有使莫奈的经济状况有所改变,他再次离开巴黎,陷入困境。

坐落在巴黎提约尔大道一家清静的盖尔波瓦咖啡馆是莫奈和他的朋友们经常聚会的地方。这群思想活跃的艺术家们常在这里交换意见。通过对于光与影的问题的讨论,他们在绘画思想上显得更为提高,也具有更坚定的意志。现在,他变成盖尔波瓦咖啡馆中一个谦虚的顾客,他愈来愈少地参与讨论而更多的是倾听别人。

当莫奈在户外某些地方支起画架时,他关心的是在工作中能否真正将光与影的波动捕捉到画布上。充沛的精力同他敏锐的观察力的融合,使他进一步掌握了绘画的技巧。

这年 6 月,莫奈的新作又一次被沙龙评审委员拒绝。他再次陷于绝望的境地:没有钱、没有颜料、没有希望。这是一个可怕的打击,莫奈现在完全收敛了他的骄傲。不久,莫奈要求巴齐依送给他一些颜料,至少使他能继续画画。但很快,颜料就不再是莫奈的真正烦恼了,因为他正被饥饿所困扰。

坎坷旅程

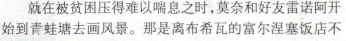

就在被贫困压得难以喘息之时,莫奈和好友雷诺阿开始到青蛙塘去画风景。那是离布希瓦的富尔涅塞饭店不远的塞纳河上的沐浴之地,泛着船只的河水和快乐的沐浴者在那里形成一个吸引人的画面。

▶ 1868 年,莫奈的《塞纳河畔》。

1868 年,莫奈画了幅描绘一个妇人坐在河岸上的画。在这幅画里,水的倒影构成其主要的趣味。正如雪景曾经让美术家们探究阴影的问题,而对水的研究提供了观察反射与反映这样一个很好的机会。

莫奈已经开始广泛地运用活泼的笔触。在青蛙塘，这
两个朋友运用迅速的笔触——点和撇来表现闪烁的氛围、
水的运动和沐浴者的姿态。以官方美术家们所认为的"速
写性"完成了整幅油画，而且没有一根肯定的线。用笔触
作为一种描绘的手段，完全通过不同调子的颜色小片来构
成各个面——所有这些对莫奈来说，如果他们要保留住光
与水的颤动，以及动作与生活的印象的话，现在不只成为
实现他意图的实际可行的方法，而且也成为一种必要。

在青蛙塘度过的几个星期，莫奈和雷诺阿开始成为工
作上的挚友。不论他们是否研究放在同一个瓶子里同样
的花，或者是否在同一题材的前面支起画架，几年中，莫奈
和雷诺阿比他们那个集团中任何成员都更经常地画同样
的题材。而在工作上的交流中，他们发展了一种表现风格，
这种风格时常使他们两人的关系比其他人更接近。

1870 年 6 月 26 日，莫奈的两幅画又落选了。7 月，普
法战争爆发，莫奈在勒阿佛尔港海边目睹了人们疯狂地冲
上开往英国渡船的情景。最后，他抛下妻子和孩子，加入
了前往伦敦的人群之中。

在伦敦，莫奈依旧过着困苦的日子，一直到他遇到画
家杜比尼。杜比尼当时正在画泰晤士河的景色，他为莫奈
的穷困所感动。1871 年 1 月，他将莫奈介绍给自己的画商
保罗·丢朗·吕厄，他刚刚在新桥街开了一个画店。在此
之前，丢朗·吕厄已经为偶然
在沙龙中出现过的莫奈的少
数作品所吸引，他乐于结识这
个年轻画家。尽管莫奈的画
落选了，但丢朗·吕厄编在《艺
术与古董的国际评论》中对
1870 年沙龙的批评里，就坚决
认为毕沙罗、马奈、莫奈等人
是当时重要的画家。

不久，莫奈遇到了同在伦
敦的毕沙罗，他们同样喜欢伦
敦的风景，一起研究雾、雪和
春天的效果，一起写生和参观

莫奈在 1869 年所画的《青蛙塘》

莫奈所画的伦敦国会大厦

世界大艺术家成功故事

↑ 莫奈在荷兰的美丽习作

美术馆。透纳和康斯太勃的水彩画和油画影响着他们。他们送习作去参加英国皇家学院展览会,但总是以落选告终。如果不是得到丢朗·吕厄在精神上与经济上的支持,他们定会丧失信心了,因为从法国传来的消息也并不令人振奋,巴黎仍处于一片惊慌之中。

不久,莫奈离开了英国去了荷兰。莫奈在荷兰一直待到 1871 年年底,他为这座在水里长出来的国度所吸引。所有这些东西不久便呈现在他那充满变幻的画面中。

1872 年 1 月,莫奈从荷兰回到巴黎并带回一些非常美丽的习作。回到巴黎的莫奈,住在了巴黎近郊塞纳河畔的阿让特侬,那里有郊区的优越条件——形形色色的旷野风景,但是最吸引他的还是那宽阔的河流,以及那些航行中的船和如画的桥。莫奈租了一间近水小屋,而当雷诺阿每次来访时,他们便一起把画架放在相同的风景前面,研究相同的绘画题材。现在,他们都采用逗点状的笔触,甚至比他们在青蛙塘作画时所采用的那一种还要小,这种笔触能够让他们记录他们所观察到的每一明暗层次。

大自然不再像巴比松派画家看来那样是一种容许解释的对象,它已成为纯粹感觉的直接源泉,而这些感觉能很好地为这种细小的点、划等技巧所表现,这种点和划以它的色彩和生命的丰富性保持了人们对大自然总的印象。

↑ 莫奈画中的巴黎近郊塞纳河畔的阿让特侬

在那一时期,莫奈和雷诺阿二人都曾描绘鸭池旁的小屋,在那些画里,他们的技巧是极相似的。而印象派的其他一些画家,如西斯莱在莫奈的作品中发现了一种新的通向自然的门径之后,他就使自己孤独起来,像莫奈曾做过的一样,在研究着夏季和冬季所赋予同一景观的那种色彩、光影、形体的变化。

《日出·印象》

莫奈在 1873 年提出一个他在 1867 年曾想过的主意：自己掏钱来举办一次联合展览会。似乎没有理由说这样一个大胆举动不能引起公众的关注，因为他和朋友们已渐渐地获得了收藏家们的信赖，他们作品的价格正在高涨着。莫奈的油画售价已达到了 1000—1500 法郎。1874 年年初，一位百货商店的董事拍卖了莫奈、毕沙罗、德加和西斯莱的一批作品，价格又相对地上涨。而当画家们根据这一点认为举办一次联合展览会能得到成功时，也有人提出反对意见。但多数人还是支持这一独立联合展览会的计划。他们这样做也许是被很实际的理由所促成的，因为在 1874 年年初，由于某些原因，丢朗·吕厄忽然被迫停止一切进货，没有了画商的支持，印象派画家们处于一种极不安定的处境中。朋友们热切地希望能将作品递过一次公开展出诉诸

《打阳伞的女人》是是莫奈早期的印象技法画作。这幅画中他已经会巧妙地处理光与影的关系了。

广大公众，这个展出预期要比参加沙龙取得更大的影响，因为和沙龙规定的仅允许展出 3 幅作品相比，他们的展览会将允许他们展出更多的作品。

一个活跃的招募成员的运动在创办人莫奈、雷诺阿、西斯莱、毕沙罗、德加等人中间开始了。到最后，决定参加的成员几乎已经达到 30 人，共展览作品 165 件。

展览会持续了一个月，参观画展的人似乎非常多，但观众到那里去似乎仅仅是为了嘲笑，有些人把看过后的感觉编造成一个笑话：这些画家们的画法是把几种颜

料装入手枪然后打在画布上,随后签一个名完成这件作品。

评论家们不是评论得极其苛刻,就是不认真考虑这个画展。4 月 25 日在《喧噪》杂志上,一篇以《印象主义的展览会》为题的评论,总结了作者和大众对莫奈作品的态度。

"印象主义"这个名词虽曾经一度成为笑柄,但却很快被朋友们接受了。尽管雷诺阿、德加、左拉等人都不喜欢这个称谓,但这个词儿依然保留下来,而且,它似乎还不失为一个好名词,能充分显示出他们作品的共同因素。

以莫奈为首的印象主义画家们创造了一个新的风格。他们从传统原则中解脱出来之后,开始对这个风格苦心经营,以便能够毫无拘束地追随为他们强烈的感受力所获得的那些新发现。为了这样做,他们甚至公然放弃再现真实的要求,否认写实主义的客观性,他们从真实中选择了一个元素——光,去解释全部自然。

或许没有一个单独的地方能像阿让特依那样和印象主义更密切无间的了,有的时候,甚至所有的印象派画家都在那里工作。1874 年,在他们的展览会闭幕后,莫奈在阿让特依找到了一所新房子。

在阿让特依,莫奈从杜比尼那里得到了启发。他建造了一只船,大到足够他睡在其中。在这飘流的画室中,他喜欢观察从一个薄暮到另一个薄暮的效果……后来莫奈用他的船作正式的旅行,有一次甚至带着他的家人顺塞纳河直下鲁昂。在阿让特依他所作的许多画中,人们常常可以看到这只有着蓝绿色木舱的小船,它懒洋洋地在水中漂泊着。

1872 年,莫奈创作了扬名于世的《日出·印象》。这幅油画以极其简单的笔调,描绘出晨雾中勒阿弗尔港口日出的景象。

身处困境

在一贫如洗的绝望生活中，莫奈组织了一次拍卖。这次拍卖于 1875 年 3 月 24 日开始举行，它包括 72 幅画，其中莫奈 20 幅。莫奈的作品价格从 165 到 325 法郎不等。结果，他不但没有看到自己的作品卖到以往所曾得到的一半，还再度地遭到了嘲骂和讥笑。

1875 年，对莫奈来说，又是一个非常困难的年头。7 月，莫奈的妻子病得更严重了，他被迫一再向朋友借钱。

1876 年，莫奈和朋友们决定以第二次展览会去接近公众。4 月，他们的画展在帕尔提埃路，丢朗·吕厄的画店中开幕，由 20 个参加者提供了 200 多件作品。莫奈展出了 18 幅油画，其中最引人注目的作品题为《日本美术品》，画中是一位身穿美丽的锦绣和服的少妇，此画以 2000 法郎的高价售出。

↑《日本美术品》

莫奈在巴黎逗留了一个时期，那里的圣拉扎尔火车站吸引了他：巨大的停车场、有玻璃的屋顶、沉重的火车头、进进出出的列车、人群，以及背景中澄澈的天空和蒸汽腾腾的机器之间的对照——所有这一切供给他非常动人的题材，莫奈不倦地在车站的不同角落中支起他的画架。

1877 年春天，第三次联合展览会开办了。每一位印象主义画家都交来比以前多得多的作品。在莫奈的 30 幅作品中，有 7 幅是圣拉扎尔车站风景，他的作品被布置在第一展室中。来参观的人很多，而公众的嘲弄似乎比上一次展览会少一些了，这一切甚至在沙龙的官方言论中也能觉察出来。

↓1877 年，莫奈的《圣拉扎尔火车站》。

1877 年秋天，莫奈口袋里的钱又一次所剩无几，他再度被迫向别人请求援助。深受贫困折磨的莫奈甚至开始对未来失去信心。

1878 年 3 月，莫奈的第二个孩子出生了，他写信给左拉求助："你能帮助我吗？我们家中已没有一分钱，今天甚至无法生火。尤有甚者，我的妻子病着，需要照料，因为，你或许知道，她又生下一个孩子……"

1879 年，当莫奈的妻子卡米尔离开这个苦难的人世时，天色正当破晓。虽然面对失去挚爱的妻子的悲痛，莫奈却一反常态的平静。他在画布上快速地作画，将死亡与悲伤化成灰白和灰蓝交织的色彩，把对卡米尔的深刻记忆埋葬在颜料之中。

莫奈被不断的厄运弄得失去勇气，他甚至不愿参与第四次联合画展的准备工作。在这次展览中，莫奈展出了 29 幅作品。对于这次展览，报纸仍然怀着敌意，但参观的人明显大增。当展览会闭幕时，除掉开支，每个参加者分得 400 多法郎。与此同时，官方沙龙开幕了，马奈和雷诺阿的作品得以入选，而且评论家们异口同声地对雷诺阿的作品加以喝彩。

雷诺阿在沙龙的突然成功给莫奈以巨大的影响。既然沙龙似乎能保证较好的运气，莫奈于是决定在 1880 年送交两幅油画给沙龙评审委员会。然而，他却遭到了蔑视。

🔖《塞纳河的浮冰》

1880 年，印象派组织的第五次联合画展，莫奈、雷诺阿、西斯莱等人没有参加。但莫奈在官方沙龙中依然并不顺利，他所提交的两幅风景画中的《塞纳河的浮冰》落选了，另一幅作品悬挂的位置也很不好。莫奈向美术部长抗议，要求保证下一年得到较好的待遇。另一方面，由于误会、缺乏了解而存在的一些可悲的情况，慢慢地使以前的朋友们分离了。印象主义集团正在分崩离析。

辉煌的交响

1881 年，丢朗·吕厄的业务情况开始好转，他又可以提供合适的价格，根据画家们的需要做按月付款的安排了。这样莫奈就能没有什么牵挂地工作了。他在维特、费开姆、贝蒂达时等地不停地作画。

1882 年年初，丢朗·吕厄再度成为独家经营印象主义绘画的画商，他亲自写信给莫奈和雷诺阿，极力说服他们和其他的人一起参加印象派的画展。虽然莫奈拒绝联合不属于真正印象主义集团的画家，但在丢朗·吕厄的坚持下，他还是接受了邀请。

画展于 1882 年 3 月 1 日开幕，地点为丢朗·吕厄所租的圣·奥诺里路 251 号。在 8 年的共同奋斗之后，印象主义者们头一次筹划了这样一个真正代表他们艺术的画展。莫奈展出 35 幅油画，大多是风景和静物。这次展览的结果是，无论从哪方面来说，丢朗·吕厄都感到心满意足，因为报纸这时对印象派的作品已不大攻击，甚至出现了一连串好意的报道，此外还有了一些新的购画者。

1883 年 12 月，莫奈和雷诺阿为了寻求新的绘画题材，一起到亚速海岸作短期旅行。一到那里，莫奈立刻便被地中海的景色，被那种强烈的蓝色和桃红色所迷住了。他决定第二年继续来到这里，但是却嘱咐丢朗·吕厄不要把这一计划对任何人宣告。显然，画家们之间的裂痕已不仅仅是一种人与人之间的敌对，他们已开始抛弃共同的基础，每一个人都在寻求自己的方向。

莫奈在 1888 年有一部分时间是在安蒂贝度过的，他在那里画了许多风景画，这些画立刻得到别人的喜

莫奈在 1882 年被诺曼底雄壮的海岸所深深吸引，他画了不同天气和时间的类似于《埃特尔塔悬崖》这样的海岸风光。

↑ 马奈的《奥林匹亚》。

爱。1889 年，他跟罗丹一起在贝蒂画店组织了一次规模巨大的历年作品展览会，包括 1864 年至 1889 年之间所创作的作品。莫奈在向一位美国画家讲述他的作品时说："希望我生出来就是一个瞎子，而后忽然获得视觉，这样一来我就能够不知道自己眼前看到的东西原本是什么而开始作画。"

19 世纪 80 年代末的莫奈开始有了名气，他心中藏着一个崇高的理想：募集捐款购买马奈的《奥林匹亚》来献给国家。1889 年的一部分时间是用来做这件工作的。左拉反对这件事，因为他认为凭借马奈的贡献，他自己完全有进罗浮宫的权利。但是，马奈的多数朋友都支持这个计划，莫奈在募集到大约 2 万法郎后，便从马奈的遗孀手中买下了那幅著名的《奥林匹亚》，送给了法国政府。

1889 年，莫奈有 3 幅油画在世界博览会中展出。莫奈的一幅油画前所未闻的以 9000 法郎的高价出售，卖给一位美国人。莫奈自己也努力向一个新的方向发展，当他 1891 年在丢玥·吕厄画店展出 15 幅表现白天不同时间中的干草堆的油画时，这个方向就变得明确了。他说在开始时他想画两幅油画，一幅表现阴天，一幅表现晴天，这样就可能在不同的光线下充分表现他的题材。莫奈就这样努力地追求他所谓的"瞬间"感觉，并且坚决地认为当效果变更时就应该立刻中止在一块画布上画下去，而继续画第二幅，"这样才可以获得自然的某一方面的真实印象，而不是一幅由人工组成的图画"。在画干草堆组画的同时，他还在进行着几套类似题材的组画：白杨、鲁昂教堂正面、伦敦风景以及他的吉维尼花园池塘里的睡莲。

↑《干草堆》系列中的两幅。那些形状相似，位置相似的干草堆，由于千变万化的光线而变得多姿多彩。

在莫奈对光的连续变化以近乎科学的准确性进行有规律的观察的同时,他也丧失了他的认识上的自发性。他现在跟光线赛跑的那种顽强精神同他所受的艺术教育及他的天资是矛盾的。他的油画往往是这个问题的出色的解答,这问题本身仍然只是一种实验,而且有严格的限制。他那双全力观察细微变化的眼睛,易于失去对整体的认识。莫奈对实际的对象的忽视趋于极端,他完全放弃了形,而去追求一种在微妙的色彩层次的统一的结构中,保留下不可思议的光的奇迹。

莫奈的这些"组画"获得了巨大的成功——所有他画的干草堆,在展览会开幕后的3天内,以3000～4000法郎的价钱全部卖光。莫奈的名声在国内外迅速传播开来。这也使他的生活渐入佳境。

世界大艺术家成功故事

■《睡莲.绿色的和谐》在莫奈笔下与其说是凝视花叶,不如说是眺望着水的倒影来得恰当。而横跨池上的日本式拱桥,可代表印象主义画家受日本浮士绘影响之作,呈现出另一种法国画家眼中的异国情调。

最后的冲刺

1890 年,莫奈在吉维尼买下一栋房子和大块土地,他扩建了周围的花园,并在园中引河水开辟池塘,池塘上还建造了一座日本式的拱桥。其实,他的最大目的是把水上花园当成户外画室。有了大画室后,他开始绘画自己梦寐已久的组画作品——关于《睡莲》的主题。

从 1904 年起,以前那些景物和小桥在莫奈的画中逐渐消失,水面和睡莲占据了其作品的整个画面,风格日益趋向装饰性。1909 年莫奈再次展出睡莲组画48 幅,获得非常大的成功,并且受到了评论家极大的关注。同时,人们也注意到莫奈景物画中的装饰性,虽然这样的画风被归属成西方传统,但评论家仍不免提到莫奈画作与日本艺术间的关系。看得出日本文化对自然的尊崇令莫奈心驰神往。

《睡莲》

正当莫奈的心思全部用在了对于睡莲的创作中时，竟然相继发生了两件不幸的事：1911年5月，他的第二任妻子艾丽丝去世；紧接着莫奈的视力衰退了，他担心眼睛是否会失明。1912年7月，医生检查他为白内障，并为他进行了延缓症状发展的治疗。经过这次权宜治疗而感到宽慰的莫奈感到了时间的紧迫，于是他连忙开始了繁花盛开的拱门这一崭新的主题，继而又转向于更大的构想，决心绘制晚期的"睡莲"（装饰壁画）。

1914年2月，长子的死以及第一次世界大战的爆发给了莫奈很大的打击，但这些都没有使他泄气，他计划建造第三个画室，并于1916年春天开始动手画那幅"装饰壁画"——一幅高183厘米、长366厘米的巨大画布被竖立在装着轮子的大型画架上了。这样的大画布是很难运到池塘边去的，因此莫奈必须得在画室里工作，他利用速写，也许还利用摄影作参考。当开始绘制这幅纪念性创作时，莫奈已是75岁高龄。在莫奈的生活轨道上，可以说他完全走了一个圆圈，也就是说年轻时为了参加沙龙而画了大幅作品的莫奈，到了晚年又回到同样的大型画幅上来了。

1915年所画的《睡莲》

所不同的是现在他不再画人物画，而是画水中倒影和盛开的睡莲。

1918年，莫奈捐出两件作品给法国政府以纪念"休战日"。后来，他于1920年决定改赠12幅大型作品给法国政府。此项计划直到1921年才尘埃落定，而法国政府则开始在罗浮宫侧翼重建"橘园"美术馆来容纳这些作品。遗憾的是，第二年(即 1922 年 9 月)莫奈的眼病被诊断为"退化性白内障"而濒临失明。医生禁止他再作画，尽管如此，两个月后莫奈写信给友人说："我又拿起了画笔，当然是有些妨碍的，但还是得画，我打算把装饰画按期完成。"

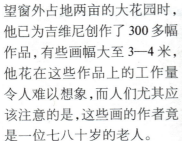
莫奈在吉维尼的玫瑰路

1926 年，当年迈的莫奈屈服于肝硬化而留在卧室中观望窗外占地两亩的大花园时，他已为吉维尼创作了 300 多幅作品，有些画幅大至 3—4 米，他花在这些作品上的工作量令人难以想象，而人们尤其应该注意的是，这些画的作者竟是一位七八十岁的老人。

这些事实尽管令人震惊，却无法完全阐明莫奈的最后成就。这些成就表现在充溢其画中信仰和怀疑的绝妙组合之间，也存在于画作里似乎游移于肉体和人生苦短间的表达方式，它又与莫奈的新绘画技法有所关联，这样的新技法使他得以创新绘画艺术，运用媒材完成自己或任何其他人多年来未曾想象过的绘画效果。莫奈晚期作品的画面可以如水晶般剔透纯净，也可以浓稠繁密，把苦闷烦恼夹杂于纠结的色彩之网中。

莫奈自画像

1926 年 12 月 5 日，星期天，韦农邮局给报社发了一份电报："画家克鲁德·奥斯卡·莫奈于本日正午逝世于吉维尼的寓所。享年 86 岁。"遵照莫奈的遗愿，葬礼未用宗教仪式，参加葬礼的有很多的艺术家、新闻记者、画商和评论家。有人对当时的情景作了这样的叙述："既没有敲钟，也没有焚香祈祷，这就是这位不信神的人寂静的悲哀的末日。"

但是，这一天塞纳河流域雾霭极重，它呈现出莫奈绘画中那种极其优美的景象。莫奈的绘画注定是不朽的，这也是莫奈唯一确信无疑的事。

大 事 年 表

1840 年	11 月 14 日,出生于巴黎拉费特街。
1845 年	全家移居勒阿佛尔港。
1855 年	开始以创作人物漫画出名。
1859 年	到巴黎,拜访特罗容。
1860 年	应召服兵役。
1862 年	因病休养。11 月,进入巴黎的格莱尔画室。
1866 年	以《卡米尔》和《枫丹白露森林里的路》入选沙龙展。作《花园里的女人们》。
1868 年	辗转于法国各地。
1870 年	前往伦敦。
1871 年	结识画商保罗·丢郎·吕厄。前往荷兰。
1874 年	以莫奈为首的印象主义画家们获得"印象主义"的称号。
1879 年	妻子卡米尔病逝。
1889 年	贝蒂画店举办莫奈、罗丹二人联展。
1890 年	在吉维尼购下一块地产,建立了自己的花园和户外画室。
1909 年	展出睡莲组画 48 幅,受到广泛好评。
1926 年	12 月 5 日逝世,终年 86 岁。

凡·高

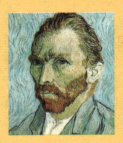

凡·高说："只要人的心中有一团燃烧的火焰，就一定能够获得温暖。"在凡·高并不算长的绘画生涯中，他用画笔来描绘穷人的世界，描绘他们的贫苦和艰辛。他对自然充满了无比的热爱，他描绘出生机勃勃的天空、太阳和大地……凡·高以强烈而鲜亮的色彩、刚劲而跃动的笔触来表现自己的追求、希望和对生活的渴望。

可以说，凡·高是西方美术史上最不墨守成规的艺术家，也是最勇于探索的艺术家。他的天才、他表达的爱、他创造出的最伟大的美，永远能够超越时间，丰富了我们的世界。

基督的崇拜者

松丹特是荷兰布拉邦特省的一个小村镇,那里生长着茂密的松林和一丛丛的橡树,远处起伏的原野、黄色的沙土以及黄昏时的夕阳,这一切交织出一片迷人的乡村景色。如今,这座美丽小镇的历史早已与凡·高的名字密不可分了,因为,这里就是后印象派大师文森特·凡·高的出生地。

1853 年 3 月 30 日,提奥多鲁斯·凡·高夫妇欣喜地迎来了一个男孩,这个男孩就是文森特·凡·高。

文森特·凡·高的父亲是松丹特镇上的牧师,母亲安娜·科尼莉亚身上有着一股强烈的对土地的热爱,这种热爱在她的儿子文森特·凡·高身上表现得尤为突出。

凡·高从小便接受到相当严格的、清教徒般的教育,这种教育对凡·高性格的形成具有极大的影响。1857 年 5 月 1 日,凡·高的弟弟提奥出生了。提奥也许是这个世界上唯一理解凡·高、对他奉献无穷无尽的爱的人。

8 岁时,凡·高进入村中一所小学。11 岁时,他转入另一所寄宿学校,在同学们的眼中,凡·高永远是一个满脸雀斑、头顶着一头红发的难以靠近的少年。他常常一个人跑到野外,即便是一片孤零零的荒野,在凡·高眼中也总能闪烁出明亮的色彩。

1369 年,15 岁的凡·高来到了位于海牙的古比尔美术公司,成为了那里最年轻的职员。古比尔公司是欧洲最大的经销绘画的跨国公司,总店设在巴黎,其业务范围广泛,在柏林、布鲁塞尔、海牙、阿姆斯特丹均设有分公司。凡·高在这里的工作便是负责将店里陈列的艺术复制品推荐给顾客,他做得相当出色。没过多久,他被调到了布鲁塞尔。除了工作外,读书与参观博物馆占据了他的大部分空闲时间。

1873 年 5 月,公司提拔凡·高去伦敦分公司工作。这时他已经完全进入了自己在商业领域中所扮演的角色。而后来的一件不愉快的事情改变了

🔸13 岁的梵高像

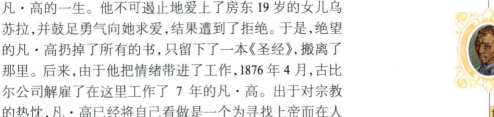

凡·高的一生。他不可遏止地爱上了房东19岁的女儿乌苏拉，并鼓足勇气向她求爱，结果遭到了拒绝。于是，绝望的凡·高扔掉了所有的书，只留下了一本《圣经》，搬离了那里。后来，由于他把情绪带进了工作，1876年4月，古比尔公司解雇了在这里工作了7年的凡·高。出于对宗教的热忱，凡·高已经将自己看做是一个为寻找上帝而在人生道路中艰难跋涉的灵魂。

1876年圣诞节，凡·高回到荷兰，在与家人团聚数月之后，他前往阿姆斯特丹的大学学习，准备进入神学院。初到阿姆斯特丹的凡·高结识了孟戴斯先生。孟戴斯是位典型的犹太人，深陷的眼睛，清瘦凹陷的面孔上蓄着柔软的尖形胡须，颇似吕波莱兹笔下的基督画像。在孟戴斯为凡·高安排的所有课程中，有一些对于凡·高来说却是不太顺利的，尤其是拉丁文与希腊文，也正因为此，他没能通过神学院的考试。

1879年6月，26岁的凡·高来到了博里纳日的矿区担任牧师。他怀抱着满腔的热忱，不顾疲劳地想去看看自己将要生活的地方，这片居住区在白天显得那么荒凉，偶尔看到一个女人，但她的脸上也布满了呆滞、麻木的表情。博里纳日那些丑陋的道路两边长满了荆棘小树丛以及有着奇形怪状树根的古老的长木瘤的树，在凡·高眼中，眼前的一切犹如丢勒的铜版画《骑士、死神、魔鬼》中所表现的一样。

📖 丢勒的铜版画《骑士、死神、魔鬼》

贫穷的博里纳日的人们缺乏教育，他们之中的多数人都目不识丁，但同时他们却勤快地干着那些常人难以想象的工作。凌晨3点钟下井，午饭只有15分钟，接着一直在井下工作至下午4点。他们不仅要忍受地下世界的黑与热，还要呼吸着充满煤尘与瓦斯的空气。如果没有瓦斯爆炸或罐笼事故的意外发生，那他们便可以侥幸活到40岁，但最终死于肺结核。

凡·高被眼前的一切震惊了。他找到一间简陋的棚屋，将里面打扫干净后，在那

世界大艺术家成功故事

儿举行了到达博里纳日后的第一次福音传授。后来，由于村里生病的人很多，凡·高每天都抽出些时间像医生般到处巡视，他常会给他们带去一些食物或是衣物。此外，凡·高还曾与矿工们一起下到数百米深的地下待了6个小时，他在感受那全世界最艰苦的地方的生活，那种经历实在太可怕了。人们为凡·高的行为所打动，他们甚至称他为"煤矿的基督"。

矿工贫穷悲惨的生活唤起了凡·高的艺术热情。自从幼年时母亲教他绘画以来，凡是看到感兴趣的东西他就将它画下来。

在博里纳日，凡·高画了大量关于煤矿工人、男人与女人的速写：他们在下雪的早晨，沿着有荆棘篱笆的小路向罐笼走去，那条小道的影子在朦胧中隐约可见。在背景中，煤矿的巨大建筑物与成堆的煤渣模糊地在天空前显现出来。

凡·高在大量地画着这一题材的同时，他还不断地研究他喜爱的画家的作品：他按部就班地临摹巴格的《图画课》，临摹提奥多·卢梭的《荒地里的炉灶》，以及鲁易斯达尔的《荆棘》。他写信给提奥，希望提奥能够帮助自己找到根据米歇尔的画刻制成铜版画的书，因为博里纳日的一切改变了他原本的生活和对绘画的感受，他这时对那些风景画的欣赏与理解已经与以前大相径庭。

1879年7月，凡·高在博里纳日的苦行主义行为传到了福音委员会，委员会震惊了，因为他们认为神职人员是高贵的，而凡·高无疑使"高贵"二字消失得无影无踪，他在布道时所表现出的那种热情令宗教当局感到不安。所以，近半年之后，凡·高被撤去了教职。凡·高丧失了工作，没有了热情与抱负，而有的却是一个带病的身体。

博里纳日是个产煤的矿区。在这个地区，几乎所有的男人都下矿井。他们在不断发生事故的危险环境中工作，但工资却低得难以养家糊口。他们住的是破烂的棚屋，他们的家人几乎一年到头都在里面忍受着寒冷、热病以及饥饿的煎熬。

献身艺术

　　1880年，遭受了一连串的失败之后，一种新的渴望在凡·高心头萌生，27岁的他准备献身艺术，他决心成为艺术家。同年10月，凡·高前往布鲁塞尔，准备系统地学习绘画。从这时起，弟弟提奥开始每月给凡·高寄钱，以维持他的生活与理想。与大多数具有出众才华的艺术大师所不同的是，凡·高的艺术天才并没有在很早时便显现，27岁之前的他几乎从未拥有过一幅完整的画作，他也从未受到过任何正统的学院练习。然而，从他在矿区传道时的作品中人们可以感受到，他的画中有一种与众不同的，完全自我的风格：虽然人物的比例大多时候缺少一种稳定感，但是他所画的每一根线条都是那么强劲有力。

凡·高的弟弟是成功的艺术品商人。

　　在布鲁塞尔，凡·高有机会看到了许多优秀的油画以及素描。他发现，要成为真正的画家，必须懂得比例、明暗、透视的规律，缺乏这些知识，一切努力都是白费力气。他认真地学习透视法，也积累了许多解剖学的资料。

　　1881年4月，凡·高回到了家乡。每当天气晴朗时，他都到野外去画写生，他画身边的风景、运货的马车、耕犁、钉耙，画他所能见到的任何东西。渐渐地，凡·高的画技大有长进，他不再像过去那样，在大自然面前束手无策了。就在这年夏天，凡·高第二次恋爱了，这次他将爱情献给了自己的表姐美丽的凯·沃斯。

　　当凡·高见到她时，一种强烈的感觉掠过他的脑海，那就是：美从痛苦中诞生。结果，凡·高被拒绝了。这件事最初对凡·高造成的打击可怕得近乎是被判了死刑。

1881年，梵高所画的静物画。

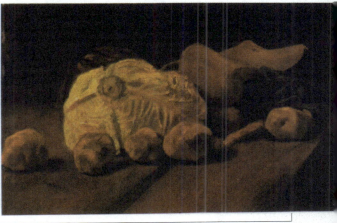

　　在他恋上凯的这段时间里，他的素描画得更加写实，他画了许多男人、女人与儿童。他感到自己"已经掌握了线描画家的技

《悲哀》是一幅生命力已被榨干的妇女的生动写照。

术"。这年年底,凡·高再次告别了家乡,来到了荷兰艺术运动的中心——海牙。在那儿,他的亲戚、画家安东·毛威友好地接待了他。

在海牙的郊外兴克威格,凡·高开始有了自己的第一个画室。在海牙,凡·高与毛威建立了深厚的友谊。他喜欢毛威的作品,并开始跟随毛威学习。就在这时,凡·高被水彩画迷住了,他画过一幅小水彩画——在画室的角落里,一个女人正在碾咖啡。凡·高在这幅画中开始摸索表现调子,一个头或者一只手都有光,都包含着生命,它们在迷蒙的灰尘的背景上明显地突现出来。无论怎样,他已经把他想要表现的东西画了出来。

1882年初,凡·高遇上了并不美丽也不年轻的妓女克利斯蒂娜,正在怀孕的她被人抛弃而不得不在冬天寒冷的街上讨饭。凡·高雇了她做自己的模特,他们在一起度过了20个月。克利斯蒂娜的到来改变了凡·高的生活,她将凡·高的痛苦和孤独驱走了,取而代之的是一片深沉的宁静。他们生活得很快乐,以至于凡·高萌发了要结婚的念头。

这一时期,凡·高画了大量关于克利斯蒂娜的素描,其中一幅是《悲哀》。画面上只有人物,没有一点背衬的东西。画中的克利斯蒂娜埋头屈膝地坐着,她全身骨架松弛,手臂和腿都很削瘦,乳房干瘪地下垂着,落在肩上的头发有一部分绞成辫子。

另一幅是《树根》,画的是沙地上的一些树根。凡·高试图在这幅画中也表现出《悲哀》中的感情。画中的树根虽然已被风暴从地里拔出一半,但它仍痉挛地、愤怒地攀在地上。这幅画蕴涵着一种为生存和理想而以死抗争的精神。

《树根》

凡·高将这些画作拿给身边的朋友们看,而他们对他所说的大都是相同的话——批评他的画法。然而凡·高坚信在自己的作品中,并没有那种表现出他将要失败的征兆。总有一天,会有人喜欢这些

画的。至少，在他的每幅画作中，都充满着某些直接发自其内心的东西，那就是对生活、对艺术永不退缩的执著与热爱。

夏天，凡·高在森林中画了一些写生作品，其中之一画的是在一片盖着干树叶的地上，几棵大的绿色山毛榉的树身与一个穿白衣的小姑娘。这些树的位置与相对的尺寸随着透视而改变。凡·高期待着秋天的来临，因为他决定在那时要画出一批油画。

不久，凡·高初期的油画作品《森林中的少女》诞生了。在这幅画中，排列着3棵呈对角线构图的粗大的树干，前方的树林被秋日傍晚的阳光照射着，树影在地面上洒下道道条纹，反射出丰富的色彩，而画面的中央，则是那位忧郁的少女依偎着大树站立着。在这里，凡·高显然将秋天所有的气息都巧妙而自然地融合在了一起，画面充满了诗意。

在另一幅素描作品《剥马铃薯的女人》中，凡·高体现了大胆而粗犷的画风。他同时使用蜡笔、不透明水彩、墨水和铅笔等种种媒材。看得出他想努力学会使用各种画材与技法的痕迹。

1882年7月，克利斯蒂娜的孩子出生了，这更加重了凡·高生活的重负。身边的朋友都不理解为什么他要与一个妓女和她的私生子生活在一起。凡·高只能通过书信向提奥寻求慰藉。弟弟提奥在每月100法郎的基础上再为凡·高多寄去50法郎，以维持凡·高购买绘画材料以及他那日益增高的生活开支。

然而，克利斯蒂娜却变得难以相处了，她不再像以前那么温柔，常常以各种理由拒绝为凡·高做模特，因此凡·高不得不在外面雇些模特。他们的生活依然是拮据的，没钱买食物也是常有的事。终于有一天，克利斯蒂娜带着孩子走了，她又开始到街上继续自己的工作了。最后，凡·高终于明白，对他来说，人的爱情、人类之爱以及上帝之爱同样是不成功的。从此，他那屈辱的自尊便完全躲到了对于绘画的创作中。

《森林中的少女》

《吃土豆的人》

1883年9月，凡·高离开了海牙，前往荷兰北方的一个泥族地——德仑塞，生活在那里的人们以驾船载运泥炭为生。

凡·高为这一带特有的景色所着迷，这里到处可见奇怪式样古老的磨坊、农家庭院、码头或者水闸，并且还常常可以看到泥炭船的忙乱情形。德仑塞的北部似乎是一片美丽的灌木丛生的荒地，凡·高怀着好奇的心情打量着这里的每一个角落。几个星期后，他搭乘一艘泥炭船沿着霍盖温运河，穿过一片沼泽地，来到了一个名叫新阿姆斯特丹的小村落。

这里是一片小高地，它的附近是广阔无垠的褐色沼泽地，在凡·高眼中，这里的一切美得无法形容：天空是美妙的淡紫色调的白光，蓝色透过一道空隙亮了出来，地平线那边有一条闪亮的红色条纹……凡·高终于找到了一个属于他的宁静的王国。

1883年岁末，凡·高再度回到了父母身边，直到1885年他都和双亲生活在一起。在这段相对平静的时期内，凡·高的画技有了惊人的进步。他废寝忘食地画了近200件的习作，其中《吃土豆的人》画于1885年4月，虽然从其画风中不难看出米勒的影子，但这时的作品已出现了较为容易界定的风格。

凡·高在致提奥的一封信中流露出对这个描绘主题的期望，他渴望这个主题探索并表达农民在日常的劳动中，以日复一日、务实诚恳的作息方式与天地相依存的情感。凡·高的确做到了他想要做的，这幅画无疑

梵高画中德仑塞泥炭船的忙碌情形

表达出他的思想：在闪着金黄色火苗的灯光下，一家五口正在吃着这顿得来不易的晚餐，他们翘起的鼻尖在灯光下闪着光，相互谦让地传递着土豆。凡·高的近乎神圣的构图方式令人们感受到劳动人民生活的艰苦：微弱的灯光投射出贫苦的生活环境，但同时也反衬出这家人的和谐与宁静，以及一种朴素的幸福与温馨。凡·高就是以这样生硬、阴暗和悲伤的方式坚持着自己心中那阴沉和积极的现实主义。

《吃土豆的人》无疑象征着凡·高学画时期的结束。凡·高去了安特卫普，开始了他的南方之行。这执意的南方之行，自巴黎开始，经过阿尔，最后抵达普罗旺斯的圣雷米。

在安特卫普，凡·高发现了鲁本斯和日本版画。佛兰德斯画派的佼佼者和最伟大的代表鲁本斯画中的每一笔触均表现出稳定的情绪及一种进取的精神，而日本版画的鲜明色彩亦使凡·高赏心悦目。他买了几幅挂在房间中，经常会长时间地凝视它们。他似乎朦胧地看到了一条自己还不清楚的欲望之路，看到了一个鲜明的、鼓舞人向上和寻得平衡的新世界。

《吃马铃薯的人》创作于1885年，是凡·高早期的代表作。在这幅画里，凡·高表达了宗教情感和对农民的敬爱。

《阿尔的寝室》

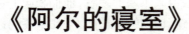

　　1886年3月初，凡·高来到了巴黎，与弟弟提奥同住。在巴黎，凡·高被印象派的各种作品弄得眼花缭乱。他结识了不少在绘画领域中占有一席之地的艺术家，如贝纳、毕沙罗、修拉、德加以及当时尚未出名的保罗·高更等人。

　　凡·高发现印象派画家在运用明亮的色彩，他既钦佩修拉，也醉心蒙蒂塞利，既折服莫奈，也对德拉克罗瓦赞赏不已。6月，他进了高尔蒙的画室，在那里结识了图卢兹·劳特累克。劳特累克出身法国名门，却因某些个人原因而痛苦不堪，他常在巴黎底层的夜生活里找寻慰藉。他笔下的夜总会场景充满了动感、色彩和生活，同时也毫不留情地把巴黎生活中不光彩的一面暴露出来。

　　在这批才华横溢的艺术家的影响下，凡·高那荷兰式的阴暗的调色板也渐渐明亮鲜艳起来。他充满激情地画着巴黎的街道、花朵、肖像。凡·高独特的个人风格也于此间开始慢慢形成。

　　凡·高曾于1886年画过一幅《唐吉老爹》的肖像，这是一幅以日本版画作背景的画作。那位又矮又壮的小老头长着一副倔强，甚至顽固的面孔，他戴着一顶古老的布列塔尼帽，两手交握，端坐在令人眼花缭乱的日本浮世绘画前，两者形成了有趣的对照，也刻画出他恳切、敦厚善良的性格。这幅肖像的画中人好像置身于另一个与之无关的国度中，其实这已体现出凡·高象征性的手法。

　　浮世绘版画是日本的一种木版风俗画，萌芽于日本庆长13年（公元1608年），正式产生于日本的江户时代。公元17世纪，日本艺人辈出。版画家岩佐又兵卫以浮世绘风格创作了《庶民游乐团扇图》、《王昭君》、《三十六歌仙图》等著名作品；另一位大师菱川师宣的艺术成就则更为显著。

　　在1867年的一次法国世界博览会上，日本

⬆凡·高在巴黎时期的重要作品《唐吉老爹》，作品中的华丽感、对比鲜明的用色一直被凡·高延续到了阿尔时期。

艺术品首次进入法国，于是，巴黎掀起了一股崇尚日本文化的热潮。日本版画在欧洲人眼里具有神秘的异国情调，它色彩鲜艳、图案装饰性强、透视平展，印象派的一些成员，如毕沙罗、莫奈、高更等人都曾如凡·高一样，对此时期风行的浮世绘作品产生了极大的兴趣。

对日本版画着了迷的凡·高曾经临摹过伊罗西治的《雨中的桥和树》，这幅画流露出浓郁的东方趣味。此外，凡·高还汲取了浮世绘的特质，将其运用于创作中。1887年，凡·高画出了《开花的李子树》以及后来的《开花的杏树》等作品，均传达出凡·高理想中的日本风景，同时也展现出春天的喜悦和乐观的情绪。

对于巴黎来说，凡·高只是一个过客，1887年的秋冬使他感到难过，灰蒙蒙的天空、暗淡无光的街道、都市的悲凉均令他感到无法忍受。这时的他似乎已无法再从巴黎的画家朋友那里得到更多些的东西了，他需要光和热来温暖那冷却了的心，重新唤起工作的热情。

1888年2月，凡·高来到了法国的南部阿尔。阿尔的一切使凡·高欣喜若狂：温暖的阳光，花朵盛开的果园，漂亮的阿尔姑娘，喝苦艾酒的人们。这一年，凡·高35岁。

在阿尔停留的15个月里，他画出了一批又一批的杰作，简直堆成了山，据统计有200多幅。

法国南部的阳光在凡·高生活中起了很大作用，它使这位来自北国的画家得以淋漓尽致地发挥蕴藏在内心的神秘的力量。在这里，他终于找到了明亮的轮廓，不带阴影的光线，明亮得铿锵作响的纯色：朱红、普兰、翠绿以及作为太阳光环的神圣黄色。他抛弃了印象派的华美，拒绝了分色主义的点

《开花的李子树》

↑《阿尔地方的花园》

彩,不再作分裂的素描和追求色调的微妙变化,他以刚劲、准确、肯定的手法抓住对象的内部结构。他画出了《阿尔的女人》、《红色的葡萄园》、《阿尔地方的花园》、《播种者》等等,在海滨圣玛亚·德拉迈的短暂逗留期间,他画了《沙滩上的渔船》,当然,这一时期最著名的作品是《阿尔的寝室》。

1888年10月,凡·高以自己的卧室为主题画出这幅《阿尔的寝室》,这是一间极为普通的寝室,它没有一点与众不同之处。既没有地毯也不铺任何东西的地板,粗糙而结实的床,两把简陋的椅子,桌上放着盛水的罐子等物。凡·高描绘这间寝室的手法似乎非常简单易懂,那占去画面右边大部分面积的床,还有椅子、桌子、镜子、天顶、门等所有东西,都被明确的轮廓线框着,它们好像确实存在于屋子之中似的。而且,这间摆着家具的房间还严格地符合绘画透视规律,显示出它们的深度与空间感。

然而,事实上,谁要是想根据这幅作品来造这样一间屋子,或画一张这间屋子的建筑平面图,那将是十分困难的。因为这间屋子其实描绘得并不正确。首先,房间的大小非常含糊。其次,床的位置和尺寸也不太明确。床的右面靠墙,从它和椅子的位置关系来看似乎是很长的,但从它和右面墙壁的关系来看又似乎很短,还有床与正面墙壁到底相距多远也无法确定,从它和右壁的关系着眼,它似乎离正墙甚远,但从它和窗下椅子的关系来看,又好像紧挨着墙壁。床究竟是不是水平的呢?单从画面推测是靠不住的,总之,这幅画中的所有东西虽然都被描绘得清清楚楚,但是它们之间的关系却存在着许多自相矛盾之处。分析了这些之后,我们初看时感到的那极其平凡的描绘手法似乎忽然间全然消失,取而代之的是整个房间如同

↑《阿尔的寝室》中卧室内的家具,特别是摆在角落的桌子,其扎实的轮廓线给人以质感和重量感。

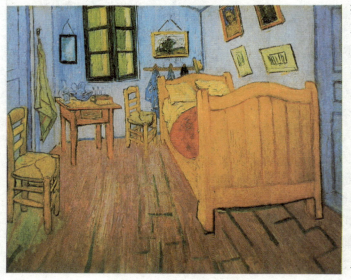

白日梦一般充满着不可思议的气氛。

1888年10月，当这幅作品完成后，凡·高给朋友高更写了一封信说："我画了一幅描绘自己寝室的油画……墙是淡紫色的，地板是退了色的褐石，椅子和床是铬黄……我通过这些色彩想表现出绝对的休息之感。只有黑框中的镜子是白色的。你如果来的话，我们可以讨论这些画。因为我完全像个梦游症患者一样在作画，有时自己不知道在画什么……"

而凡·高同一时期也向提奥谈及到了这幅画，他在阿尔时期的信中曾反复论述过"要用蓝色和红色来表现人类的恐惧心理"；"恋人之爱要用补色组合来表现。色彩暗示着某种具有热情气质的房间，而且还表现出这房间所具有的'休息之感'"。但是，我们眼前的这幅作品并没能充分表达出他的这一意图。正如前面谈到的，它看似好像遵循着严密的法则，而实际上却一部分、一部分地移动变形。这些画面更能让人感到的是一种恐惧与骚动不安。

凡高一生中的大部分作品都是在阿尔完成的，其中包括饮誉世界的名画——《向日葵》。

告别阿尔时期

凡·高在来到阿尔的同时，也带来了一个远大的计划——在南部办一个"南方的画室"，他希望将巴黎的画家们聚集在这里一起生活、创作。结果，在他热情的邀请之下，只有高更一人愿来。假如连高更也不来的话，他的"南方的画室"之梦将会破碎。

1888年10月，高更来到了阿尔，凡·高为此非常高兴。然而，仅仅两个月后，悲剧就发生了。他们在创作上并没有达到预期的成果，反而因为艺术与生活上的不同观点而

↑打着绷带的凡·高自画像

发生口角。到了圣诞节前夜，凡·高的神经已经紧张得无法控制。那天，高更像往常一样吃完晚饭去散步，当他横穿广场时，突然听到身后有飞奔而来的脚步声，他转身一看，只见凡·高手持剃刀向他扑过来。当凡·高看到高更那严厉的目光时便垂头丧气地转身回家了。凡·高在逃回自己的房间后，用手中的剃刀割下了自己的右耳，并把它包在手帕里，送给了一位名叫拉西爱尔的妓女。第二天警察在赶来时，凡·高已因流血过多而昏过去了。

凡·高的这一系列行为在令人们感到他的孤独与神经质般的狂躁之外，也令人们看到他对朋友的一份真诚以及对人生知己的那份珍视。两人因个性的不同，高更决定离去，而凡·高用这样的方式来表现自己的失落、沮丧和绝望，正说明了这一点。

"割耳事件"之后，凡·高被送入医院，高更也离开了阿尔回巴黎去了。二人短短两个月共同生活的见证，就是这两位画家留下的几幅杰出的作品。在这期间，高更曾多次描绘凡·高的形象，但奇怪的是，凡·高一次也没有画过高更。在悲剧发生前，似乎凡·高感到了两人分手的预兆，他画了一幅题为《高更的椅子》的奇怪作品。这幅画初看没什么特点，但在椅子上放着高更喜欢的几本小说和一支点燃的蜡烛。那些暗红与暗绿的不祥色调，给画面带来了近乎恐惧的感觉。

↑《高更的椅子》表现椅子的主人高更离去后梵高的寂寞和孤单。

后来，凡·高在给朋友奥利哀的信中曾说，他试图在这幅画中通过暗色调和蜡烛来表现高更的"不在"。虽然，凡·高并未画出真正以高更为主题的画面，但从某种意义上看，这幅《高更的椅子》便恰恰是凡·高所画过的唯一一幅高更的"肖像画"。

割下耳朵的凡·高令周围的人们感到害怕，邻居们要求将凡·高送入精神病院。

1889年5月，凡·高自愿进入普罗旺斯的圣雷米精神病院，他在那里住了一年。凡·高艺术生涯中最多产的阿尔时期就这样结束了。然而，在圣雷米的一年中，他仍旧以极大的忍耐对待人们的敌视，更清醒、正确地谈论自己的艺术。他在圣雷米作了150幅油画和100多幅素描。

他像魔鬼附身般地画着，中间有过3次长时间的发病，而且每次都处于极度的痛苦之中。这一时期他画出了《夏季的精神病院》、《长着柏树的麦田》等作品。凡·高笔下的风景在发狂，山在骚动，太阳在旋转，柏树和橄榄树被高温扭成了弯曲的形状，颜色也不再如往日明亮，但画中的节奏感

却发挥了出来，旋转的曲线，崩溃的形象，以及在狂热的颜色和线条所造成的一片混乱之中，逃向地平线的透视。也许，他在画上表现的正是他在想象的晕眩中所见到的。

↑ 在这幅《星空》中，画家在前景中画了一棵深绿和棕色的柏树，在柏树的后面是一个布满星星的静谧夜空，闪亮的星星在夜空中尽情地绽放光彩。

最好的时光

1890年1月，弟弟提奥的儿子出生了。但这时提奥即将失去工作，他没能按时领到薪水，无法再像往常一样给住在奥维尔的哥哥寄去生活费。凡·高赶到了巴黎，他见到了一筹莫展的弟弟，和正在生病的侄儿，凡·高完全消沉了。他认为由于自己的无能才使弟弟陷入如此窘境，因为弟弟长期负担着这个潦倒不堪，一幅画也卖不出去的画家哥哥。

1890年5月26日，凡·高搬到了巴黎附近瓦兹河畔的奥维尔，来到了加歇医生身边。保罗·加歇生性爱画，并

世界大艺术家成功故事

↑《在弹钢琴的加歇小姐》

和许多画家结下了永恒的友谊。由于有了这位医生,奥维尔这块小地方更成为年轻画家的圣地之一。除了塞尚和凡·高之外,毕沙罗、雷诺阿、莫奈、基约罗也是这里的常客。医生对他们的真挚友情远远超出了艺术家与收藏家之间的普通关系,而加歇与凡·高的亲密则更有过之而无不及。

在凡·高生命的最后时刻,加歇医生以最巧妙的体贴关怀去努力说服凡·高,使他相信他的病没有自己所想象的那样严重。另一方面,他还心甘情愿地去忍受凡·高的粗暴无礼。凡·高在病情较轻时,他也对医生夫妇表现出令人感动的深情。6月,他作了一幅表现加歇小姐弹钢琴的画《在弹钢琴的加歇小姐》和一副医生戴着白帽子的著名肖像《加歇医生》。

7月,凡·高完成了《麦田群鸦》,全幅画仅以三种原色搭配一种互补色的单纯运用,创作出视觉上最极限的感受与压力。在奥维尔的9个星期里,凡·高一共画了70幅作品。在抒发人类不可思议的情感的同时,他深进了宇宙空间。受到精神错乱威胁的凡·高在这宇宙之中拼命挣扎,他内心对这宇宙极端憎厌。可是,凡·高已经精疲力竭了,他感到一切都是虚无缥缈,毫无用处的。他是怎样的人呢? 一个落魄的画家,一生中从未做成一件事,被命运抛来抛去,他画了上千幅画,但是却无法养活自己。现在,这一切似乎该结束了……

就在7月的最后一个星期天,凡·高走到几天前还画过的那片成熟的麦田之中,面向太阳,拔出手枪向自己的

↑《麦田群鸦》作品中充满了阴暗与不祥之感。数天之后,就在同一片麦田中,凡·高决定结束自己的生命,他开枪自杀。

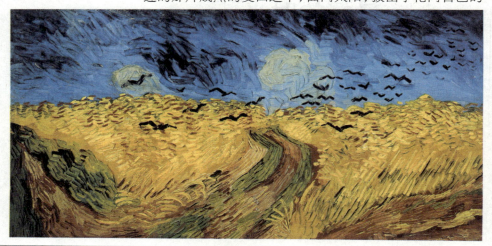

胸膛开了一枪，然而，那一枪并没有把凡·高打死，暮色苍茫中，他跟跟跄跄地回到了自己的房间，无力地倒在了床上。当弟弟提奥得知凡·高自杀的消息后，他立即从巴黎赶到哥哥的床边。在见到弟弟提奥的 36 小时之后，37 岁的凡·高离开了人世。

《鸢尾花》被称为凡高在"圣雷米时期最伟大的作品之一"。

他狂乱的心灵终于得到了平息……6 个月后，弟弟提奥因过度悲伤也随后过世，兄弟二人被并排埋葬在奥维尔的墓园里。

丧失平衡、痛苦、悲剧——显然这就是凡·高的一生。他活着时曾有过一个心愿："总有一天，我会找到一家咖啡馆展出自己的作品。"但他却没能等到这一天。在凡·高去世两年后，他的作品终于得到了一次大规模展出的机会。渐渐地，凡·高的艺术品得到了广泛的认可。而今天，他的作品已经成为了艺术品拍卖市场上最热门的大交易。1987 年，《鸢尾花》以 5300 万美元开创了世界上最高拍卖纪录，而那幅著名的《加歇医生》则于 1989 年创下了 8200 多万美元的成交天价。在荷兰的阿姆斯特丹建起了凡·高美术馆，此馆于 1973 年一经开放，立刻成为了阿姆斯特丹最受欢迎的名胜之一。

凡·高并非天才，他没有完整的学院背景，但他却在绘画史上缔造出永恒的传奇与光芒。凡·高以自己全部生命的热能，完成了一次艺术星空的再造，他是我们这个世界上最孤独但却是最成功的朝圣者。

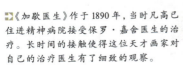

《加歇医生》作于 1890 年，当时凡高已住进精神病院接受保罗·嘉舍医生的治疗。长时间的接触使得这位天才画家对自己的治疗医生有了细致的观察。

大 事 年 表

1853年	3月30日,出生于荷兰布拉邦特省的松丹特镇。

1853年　　3月30日,出生于荷兰布拉邦特省的松丹特镇。

1857年　　5月1日,弟弟提奥出生。

1861年　　进入镇上的小学校接受教育。

1869年　　成为海牙古比尔公司的职员。

1876年　　被古比尔公司解雇。

1879年　　被福音委员会撤去教职。

1881年　　前往海牙,随安东·毛威学习绘画。

1882年　　遇到了克利斯蒂娜,两人一起生活了20个月。这期间创作
　　　　　出第一批油画。

1885年　　创作出《吃土豆的人》,此画标志着他学画时期的结束。前往
　　　　　安特卫普,研究鲁本斯作品及日本版画。

1886年　　来到巴黎与提奥同住。认识了高更。创作《唐吉老爹》。

1888年　　创作《阿尔的寝室》。
　　　　　第一次精神错乱,割掉了自己的右耳。

1889年　　进入圣雷米精神病院,期间有过3次长时间的发病。这一时
　　　　　期的主要作品有《夏季的精神病院》《长着柏树的麦田》等。

1890年　　创作出《在弹钢琴的加歇小姐》及著名的《加歇医生》,创作出
　　　　　《麦田群鸦》。
　　　　　7月,开枪自杀。

1891年　　弟弟提奥因悲伤过度也相继去世,兄弟二人被并排埋葬在奥
　　　　　维尔的墓园里。